DANS LA VALLÉE DES LARMES

PATRICK AUTRÉAUX

DANS LA VALLÉE DES LARMES

récit

GALLIMARD

In the valley of sorrow, spread your wings.
Susan Sontag

I

J'allais avoir trente-cinq ans lorsqu'on a découvert que j'étais atteint d'un cancer.

Depuis quelques mois, je souffrais de maux de ventre intermittents. On m'avait prescrit de multiples examens et traitements, sans résultat. On avait incriminé mon mode de vie, mon alimentation, mon métier exigeant. Je m'étais contenté de ces explications, sans être vraiment rassuré. Je n'osais pas croire que quelque chose me dépeçait de l'intérieur.

Un soir, après plusieurs jours où la douleur avait été à l'affût, une crise particulièrement pénible m'a poussé aux urgences. Je me tenais le ventre comme un animal gravide, qui ignore comment faire venir ce qui peine à naître. Malgré la foule ce soir-là, on s'est tout de suite occupé de moi.

C'était le début de l'été. Une canicule s'annonçait, l'air poissait, le monde allait s'ouvrir. On me menait vers une vaste étendue, l'avenir je crois, où il était difficile d'avancer. Il y avait des brancards partout, des vieillards haletaient dans les couloirs, les infirmières recouvraient des corps, certains s'éventaient en geignant et on entendait rouspéter les uns et les autres parce que la climatisation était en panne.

Je n'ai pas un souvenir très précis des heures qui ont suivi. On reste tout de même en marge de soi au moment de sa naissance. Surtout si on découvre en même temps qu'on est condamné.

Par la porte entrouverte du box où on m'avait installé, j'entendais quelqu'un parler d'un cas grave, quand un interne est entré : le scanner qu'on venait de me faire n'était pas bon. Le jeune homme alors a articulé quelques mots qui étaient un arrêt de mort. La lumière me traversait et frappait comme si j'avais été enfermé dans une boule de cristal. Mes yeux étaient infiniment clairvoyants et aveuglés à la fois.

Rangé sur un brancard à attendre, je n'attendais plus rien. Je savais.

Après quelques heures, on m'a transféré dans un autre service, dans une autre chambre, et déposé entre les ridelles d'un lit tout blanc. Jamais l'hôpital ne m'avait paru être, si irrécusablement, cette porte au fronton de laquelle est écrit : *Lasciate ogne*

speranza, voi ch'intrate. Vous qui entrez, abandon-
nez tout espoir. Je me laissais derrière moi.

Je suis resté abasourdi dans le noir. Les douleurs
s'étaient calmées avec la morphine. Peut-être ai-je
dormi. Mon esprit faisait un avec cette pièce et,
jusqu'à l'aube, il n'y avait pas eu de différence entre
l'obscurité ou le sommeil et moi. Ça devait être ça,
la mort.

Très tôt le matin, un chirurgien a fait sa visite,
accompagné de l'interne de la veille qui avait l'air
fatigué et des externes qui faisaient une gueule
d'enterrement. Je n'étais plus du même côté de la
vie qu'eux. Quelque chose de dangereusement
silencieux et ambigu occupait la chambre comme
une vérité imparable et bizarre, comme lorsqu'on
regarde sa main et qu'on est surpris d'y compter
cinq doigts. Ce qui restait, c'était la bizarrerie de
tout.

Le chirurgien était un type baraqué, genre
joueur de rugby. Il avait cette mine sévère et gênée
que les médecins se composent en pareilles circonstances.

Il se tient devant le lit. Je n'arrive pas à me
redresser. Il me regarde grimacer et se présente.

— Vous savez pourquoi on vous a gardé avec
nous, n'est-ce pas?

Oui, mais s'il peut me le répéter.

— Une tumeur envahit pratiquement tous vos intestins. Elle risque de provoquer une hémorragie grave. Il ne va pas falloir tarder pour vous opérer.

Ce que c'est exactement? Il prononce des mots que je n'arrive pas à entendre. Le silence autour de lui est terrible. On dirait que la lumière est en deuil. Il demande si les externes peuvent m'examiner. Ils ne sentent rien. L'interne leur explique comment s'y prendre. Le chirurgien abrège la leçon. Je demande pourquoi moi je ne sentais rien. C'est suffisamment diffus, dit-il, pour tromper bien des cliniciens. Et puis s'imagine-t-on malade, n'est-ce pas?

Pour conclure, il me serre la main d'un « bon courage ». Je ne réponds pas. Je ne pleure pas. Il a évoqué le nom d'un cancer que je sais incurable. Le nom de ma mort.

Jusqu'à ce qu'un diagnostic certain soit établi deux semaines plus tard, je suis resté convaincu que j'étais condamné et qu'il me restait au mieux six mois à vivre.

Je n'imaginais pas ce qui surviendrait après, sinon que j'allais souffrir atrocement. On m'avait mis sous calmants et le chirurgien avait promis que l'intervention me soulagerait. J'avais besoin de croire ce qu'il disait. J'étais englouti dans le lit, je regardais le mur nu devant, les gouttes de la perfusion tombaient comme des secondes froides. Soudain tout s'est éclipsé, la pensée du grand désordre et des souffrances que j'anticipais s'est détachée de moi. J'étais dans un berceau ou dans un couffin, emmailloté dans des langes de mort. J'étais terrifié et je n'avais plus peur. Le cœur de la violence est si tranquille. Je crois que j'ai soulevé le drap pour me regarder, peut-être pour me dire adieu. Mon ventre paraissait étrange et mon sexe aussi, comme si le désir de tout, subitement tari, avait rapetissé cet organe à presque rien. Mon corps m'avait trompé et livré à un ennemi inconnu. Devant l'hostilité, je m'étais retiré dans ma tête. En cas de grand malheur, on n'est qu'un escargot.

Les gens passaient près de la chambre sans y entrer. J'avais l'impression qu'ils l'évitaient. Il y avait une résonance ouatée dans les bruits de scopes, dans les voix et les pas lointains, dans les sonneries de téléphones, un peu comme après une explosion quand il reste dans l'oreille, dans le corps même tétanisé sous le choc, un bruit sourd qui n'est ni son ni vibration mais l'empreinte du saisissement.

Je flottais au-dessus d'une béance de plénitude et d'inexistence. J'étais encore vivant, concentré, extrêmement concentré, je n'étais pas disloqué, mais ce n'était plus moi qui occupais ce centre de moi; il y avait là un vide plein de quelque chose qui n'avait aucune consistance sensorielle : une lumière sans lumière; une présence sans corps; une conscience sans souvenir, sans émotion. Je me sentais dépossédé par une unité intérieure inqualifiable qui me coupait de tout. J'étais incroyablement inatteint.

Benjamin, mon compagnon, a décidé de rentrer immédiatement à Paris et de rester le temps qu'il faudrait pour s'occuper de moi.

Nous nous étions rencontrés une dizaine d'années plus tôt, alors qu'il terminait ses études en France. Il avait accepté un poste d'universitaire à New York quelque temps après notre rencontre. Pour avoir plus de flexibilité dans mon emploi du temps et pouvoir le rejoindre fréquemment, j'avais choisi d'exercer dans des services d'urgences. Nous menions ainsi une vie transatlantique.

Lorsqu'il a frappé à la porte, des médecins étaient en train de m'examiner une énième fois, une infirmière lui a demandé d'attendre. Son regard cherchait le mien. La chambre s'est refermée sur son visage bouleversé. J'ai été traversé par une très grande peine pour lui, pour nous. Benjamin ne pouvait plus rien.

Tout allait trop vite. La frontière passée, on doit se déshabiller à la commande, accepter les contraintes des bilans médicaux et des protocoles. Il faudra se débrouiller comme on peut pour essayer de tricoter dans tout ça un sens, de quoi s'agripper. Voilà pourquoi on déteste les médecins. Ils dévoilent l'inattendu, vous coupent de vos liens et laissent sidéré sans pouvoir vous guider, sans vraiment se préoccuper de vous avoir ouvert la porte de la solitude et de l'absolu.

L'angoisse était revenue très vite après la courte éclipse provoquée par la franchise du chirurgien, et aussi ces bouffées suffocantes quand je regardais ce qui m'arrivait et que j'imaginais où ça pouvait conduire. Il fallait vite chasser ce vertige-là, où il n'y avait plus d'extase mais seulement l'effroi, et se soumettre aux médecins. Même si, en me remettant entre leurs mains, je piétinais devant une incertitude, la mienne en échos démultipliés de la leur, qui minait l'unité intérieure que j'avais entrevue sur mon lit le premier matin et dont j'appelais le souvenir à la rescousse : on me soignait, mais on me ramenait au pays de la peur où s'évanouissait l'apaisement trouvé dans ce vide plein, dans ce moi sans moi, dans l'invulnérabilité que m'avait fait éprouver cette *vision*.

Je n'imaginais pas qu'en commençant mon long

périple vers la guérison, j'en commençais un beaucoup plus long non pour revenir à la vie d'avant, mais pour laisser briller en moi ce cœur effroyable et apaisant à la fois que j'ai touché lorsqu'on m'a laissé entendre que j'étais perdu.

C'était le début d'une route qui traversait un pays où les mots avaient été transis et vidés par une salve terrible. Il restait d'eux une enveloppe que le sens avait quittée et que le langage agitait comme le vent des grelots sans voix. Ou sans doute signifiaient-ils quelque chose de si absolu, par leur vide même, qu'ils ne signifiaient plus rien qui leur soit propre. Ils se revitaliseraient lentement dans les mois qui allaient suivre mais, avant qu'ils n'emplissent de nouveau leur enveloppe, ce moi sans mot resterait le seul signe signifiant quelque chose. Ça sautait aux yeux. Je n'étais plus qu'un signe vivant.

Être médecin donne l'avantage de ne pas craindre, le plus souvent, ce qui pourrait inquiéter. On est moins sensible aux petites peurs qu'engendrent les rites hospitaliers ; on voit mieux certains détails qui rassurent, même si on est terrorisé par ce que les autres ignorent ou n'imaginent pas ; on connaît si bien le monde des soins que le mystère dont il témoigne peut se manifester avec une redoutable pureté.

Le bilan radiologique. Une étape parmi d'autres.

Des infirmières et des brancardiers déambulent ou papotent dans les couloirs. Des aides-soignantes blaguent entre elles. Une jeune fille attend enveloppée dans un drap, sonde dans le nez, regard en arrêt sur le vide. Un lit avec ses tubes et son comateux tamponne les portes. Un monsieur en pyjama, poche de pisse entre les jambes, lit son journal à côté d'une dame aux cheveux blancs.

La conscience est la seule richesse qu'on possède, elle se dilate et son royaume s'ouvre plus profondément sur l'invisible : entre les pieds des gens, on perçoit quelque chose qui n'a pas de forme et qui flotte dans les courants d'air ; quelque chose qui cherche sa place, se faufile dans le labyrinthe des chaises et des fauteuils, se réfugie dans un coin poussiéreux. Fermez cette porte, bon sang ! crie quelqu'un. Trois femmes accoudées au comptoir des rendez-vous restent impassibles.

Poussé par un inconnu, on quitte la salle d'attente. Plus rien devant que le suspense. Après un cérémonial de questions, de perfusions et de potions à boire, qui changera peu tout au long des années au cours desquelles on répétera cet examen pour les contrôles, l'anneau géant du scanner glisse enfin sur soi. Le sérum de vérité vient d'être injecté. Les bouffées de chaleur montent de l'iode. Sur les écrans de contrôle, le Mal doit apparaître et prendre cet aspect d'orage qui tarde à éclater. On le contemplera plus tard, en examinant les images. Pour le moment, c'est l'imminence de savoir qui étourdit : on n'a plus rien à quoi se raccrocher, ni la curiosité, ni l'agacement, ni l'étonnement devant le comportement des hommes à l'hôpital. C'est une panique pure, de cette pureté sans finalité, comme celle des minéraux qui ont tout tué en eux pour être transparents, inaltérables. Panique qui fait de soi un nu si parfait que la compassion, la complaisance, le besoin d'affection ont disparu. On pourrait être mis en joue, on n'essaierait même pas de se sauver.

On émerge du scanner. Des femmes aimables, qui parlent des plannings de vacances d'hiver, aident à descendre de la table mobile et avancent le fauteuil roulant. Sorti de la salle, on regarde défiler les brancardiers en guettant celui qui va prononcer son nom. On aurait soudain tant besoin d'une présence aimante.

Chaque fois que je pensais à Benjamin pendant ces deux semaines où je me suis cru condamné, je souffrais comme si c'était lui qui était mort. Je n'arrivais pas à concevoir que je ne verrais pas l'hiver.

On m'a opéré. Le diagnostic s'est révélé de meilleur augure qu'on ne craignait. On parlait même de me guérir.

Des mois de chimiothérapie ont suivi. Les médecins s'occupaient beaucoup de ce cancer. Moi j'étais à la dérive. Je passais mon temps entre l'hôpital de jour et mon lit. À mesure que s'additionnaient les effets des cures, je m'éteignais et flottais dans un no man's land.

Prévenant et infiniment précautionneux, Benjamin est resté à Paris le temps des traitements. Nous avions traversé des heures pénibles à cause de nos familles, des deuils douloureux ; nous étions devenus un parent l'un pour l'autre : c'était la première fois qu'il faisait face seul à une situation aussi difficile.

De temps à autre, je devais être hospitalisé en urgence, Benjamin m'accompagnait sans rien montrer de son inquiétude ; mais comment ne pas remarquer ce visage lavé de lui-même ? Il gardait pour lui ce que les infirmières confiaient derrière les portes, ce qu'il entendait ou lisait sur cette maladie et les traitements, sur leurs conséquences. Il voyait mes membres fondre, ma peau s'ulcérer, les fièvres me creuser. Il calait contre moi des coussins, mitonnait des petits plats pour que je reprenne du poids, cherchait des solutions aux effets secondaires des cures, dont les médecins ne voulaient pas beaucoup entendre parler.

Quand un mot devient réalité, ce qui paraissait supportable devient aussi harcelant qu'un charognard. Dès qu'on les sent à l'œuvre, les effets secondaires festoient comme des hyènes qui vous bouffent les tripes. Est-ce pourquoi on se préoccupe tant d'eux, qui deviennent les plus étrangers des étrangers en soi ? Les symptômes de la maladie ont une aura intrigante, ils montent d'une profondeur qu'on craint et qu'on écoute : ce sont des échappées toxiques du destin. Les effets des médicaments, eux, sont sans mystère et n'ouvrent pas de porte sur un sens nouveau. Il faut endurer leur entêtement absurde.

Benjamin me demandait de parler, d'expliquer ce qui m'absorbait. J'essayais comme je pouvais de le rassurer, sans lui décrire ce que j'imaginais, car j'avais beau rester rationnel devant lui, dès que je me taisais, c'était pour retrouver un royaume inquiétant.

Les termes médicaux prennent leur grand air et leur voix glaçante, quand on est malade. Qu'on soit médecin ne leur en impose pas ; mais leur raideur qu'on voudrait feinte ou bouffonne se drape de bribes de cours, de copies d'examens et de ces visions de membres et d'organes, pendant les grandes visites des patrons, dont on se souvient comme d'ex-voto de cire et de plastique : poitrines tuméfiées, cœurs claudicants ou poumons percés, jambes rafistolées ou épaules calcifiées, qui s'exhibaient devant leur saint guérisseur. Alors les mots se plombent d'une gravité nouvelle, celle qu'ont les signes sans équivoque, annonciateurs de misère et de fatalité.

J'ai aimé étudier la médecine, j'étais un élève passionné : l'ADN enrubanné, le pavement mosaïque des cellules, le gréement miniature des réseaux transmetteurs et des tubulures qui nous animent, la mécanique des canaux de lipides qui articulent des horloges petites comme le grain du grain des poussières, la danse des protéines dont le manque engendre des malheurs. Plus tard, après les sciences fondamentales, j'ai aimé la grammaire complexe des signes qu'on apprend à repérer sur les corps malades.

Pendant quelques années, on voit par les livres et les livres conduisent vers des brancards et des lits. On le sait, on l'oublie et on se laisse entraîner : on vogue loin de la souffrance, là où rien ne meurt que pour se régénérer selon la grande roue de la biologie. Cette masse de connaissances enivre et fait admirer la beauté de l'ordre et la logique de ses défaillances, jusqu'à ce qu'on se retrouve, gêné et maladroit, pour la première fois devant un regard où se lisent la peur d'avoir mal, l'angoisse de savoir, l'angoisse tout court.

Malade, c'était la distance du biologiste que je recherchais : je me plaçais loin de moi et descendais vers l'élémentaire, je faisais face en pensée à cette tumeur et contemplais ce qui menaçait de me désorganiser.

Jamais cependant je n'ai consulté de revues spécialisées sur le cancer particulier dont je souffrais ou de sites Internet d'information médicale. Je préférais m'en tenir à ce savoir un peu flou, bien que précis, qui m'avait été donné par les médecins et avait rafraîchi mes connaissances sur le sujet. Je ne tenais pas à voir s'y ajouter la description de symptômes affolants, à lire des courbes de survie ou le rappel des effets cancérigènes des traitements eux-mêmes. N'en savais-je pas déjà assez? De toute façon, cette réalité-là, impersonnelle et froide comme un bistouri, me plongeait dans la panique dès que je la regardais de trop près. Je préférais celle plus fantasque qui se recomposait avec ce qu'on me disait. Même s'il fallait mettre des freins à ses galopades : à imaginer cette architecture qui se défaisait, se rebâtissait, se déployait monstrueuse, et la matière régie par les emballements de courants que je ne contrôlais pas et qui m'étoufferaient peut-être de sang-froid, je me sentais perdre pied parfois; j'étais devant la tombe qu'un autre, sans nom, sans but, sans raison, creusait pour moi et dont la dalle déjà se couvrait de mousse. Alors, téméraire pour ne pas être ligoté par la peur, je me rassemblais. La chimiothérapie faisait imperceptiblement son œuvre, je l'aidais de toutes mes forces. Scrutant depuis mon quartier général cet empire menacé, je considérais les bataillons de lymphocytes et de globules blancs, j'orchestrais le combat et donnais à la hiérarchie du système immunitaire les ordres impérieux du roi nu; et quand la fatigue me rendait plus vulnérable, si un pressentiment survenait, si je sentais poindre du découragement, j'exhortais tous ces êtres à rester loyaux et à me défendre, je m'efforçais de les attendrir : s'il vous plaît, petits globules, ne me lâchez pas!

L'univers des malades est une géographie boule-
versée. Le monde extérieur est repoussé et confiné
dans des marges excentriques à la chambre. Le
cosmos reprend une configuration ptoléméenne
et, comme dans les temps anciens, le soleil et les
sphères célestes se mettent à tourner autour du lit,
autour de l'oreiller même.

En plus de se chambouler dans ses latitudes, le
quotidien se désapprivoise complètement ; quelque
chose de sauvage et d'imprévisible émerge qui se
tient aux aguets et se manifeste dès qu'on se lève et
qu'on veut sortir de la chambre : la gangue de lenteur se craquelle, le temps se ranime, on est bous-
culé et étourdi par cette énergie qui agite les gens
autour de soi.

Les traitements comme ceux que je devais
suivre ne donnent pas seulement des nausées, mais
privent du goût de tout. La coque austère dans

laquelle ils enferment favorise les conditions d'une introspection d'une exceptionnelle durée. On vit une espèce d'ascèse et avant l'heure un âge extrême. Comme si un sort était jeté, on vieillit d'une ou plusieurs vies : on a le visage serré d'une momie de mille ans, on se met à marcher à tout petits pas, à exiger de petits chaussons moelleux, des moufles, sans oublier le bonnet pour couvrir le crâne ; on est ce vieillard perclus, jeune encore au fond de lui, pour qui l'univers est à marée basse mais qui ne regrette même plus le départ des eaux vives.

Quand je me rendais dans le service de cancérologie, les jours de chimiothérapie, je devais m'extraire de ce temps suspendu. J'essayais de faire comme si, dans le présent, tout n'était pas insondable et farouchement étrange : les ambulanciers machinalement attentionnés ; les chauffeurs de taxi muets ou hâbleurs ; Paris le matin quand on ne va plus au travail mais vers une marge de soi, où tout peut se mettre à tanguer ; le hall de l'hôpital encombré de promeneurs en robe de chambre ; les bonjours familiers des soignants, le fauteuil rosâtre et les malades venus ce jour-là pour leur cure, certains qu'on reconnaît, d'autres qu'on ne reverra pas.

Dans les box de l'hôpital de jour, chacun sur son trône plastifié, on est séparé les uns des autres par un rideau. L'interne pose les questions usuelles et ne s'attarde pas. L'infirmière installe des tubulures et des poches de liquide rouge, vert, jaune ou transparent, qu'on regarde se vider sans que rien ou presque ne se passe. La séance achevée, sur le chemin du retour, on croise des voisins qui ne vous reconnaissent pas, d'autres qui vous fixent sans un mot, d'autres qui compatissent. Enfin c'est le lit où on s'effondre : les prochaines nuits seront mauvaises.

Après chaque séance, j'en avais pour quelques jours avant de retrouver un bienheureux « non mal-être » et pouvoir me réfugier de nouveau entre parenthèses.

En pose longue dans un lit, on devient sensible aux moindres mouvements en soi et autour de soi. Un lever pénible, une gorgée d'eau, une douleur lancinante, la floraison de l'orchidée sur la table de chevet ont une réalité très dense. On parle à l'espace qui est témoin de tout, à l'eau qui gazouille en coulant du robinet, au plafond animé de gentils monstres, et d'autres moins, ou de signes lumineux qui dispersent dans l'air leur énigme, au mur qui endure stoïquement des coups qu'on ne peut donner à personne. On encourage un bourgeon, dont l'éclosion rendra si joyeux un certain matin où pourtant tout ira mal. La marée basse a entraîné les eaux vives de l'univers, mais elle a laissé toutes sortes de flaques, de courants, de rigoles qui drainent ce qui reste de l'être et qu'on commence d'observer avec éblouissement et douleur.

Je gardais à portée de main quelques auteurs devenus mes compagnons dans cette dérive intérieure. La sidération passée, les traitements débutés, je m'étais mis à lire beaucoup, suivant un fil que je ne discernais pas bien. Des récits de voyages extrêmes surtout.

Je n'explorais pas de terres périlleuses et n'affrontais pas d'inconcevables conditions climatiques ; je n'étais ni persécuté, ni humilié, ni contraint pour survivre d'agir contre ce qui faisait de moi un être moral : j'étais seulement malade. Je cherchais de l'aide dans ces voix qui décrivent des tempêtes et ont connu de très vastes souffrances, attentif à leur écho en moi pour comprendre la particularité de ce qui m'arrivait, et pour en sortir.

C'est ainsi que j'avais relu les livres de Primo Levi. Il me semblait entendre la voix de cet homme pour la première fois.

On sait qu'en enfer s'enchevêtrent de multiples cercles où chacun reste seul pour soi, le plus souvent même contre soi. Cette maladie m'avait projeté dans un de ces cercles.

Les valeurs craquent devant ce continu resserre-
ment qui étrangle à force de vouloir survivre. Les
mois pénibles de chimiothérapie me le démon-
traient. Depuis des années, j'avais fait mon métier
de soigner. Or je n'avais plus la même attention
pour ceux qui souffraient autour de moi, pour
Benjamin non plus, et cette sécheresse ne me donnait aucun remords, aucun sentiment de culpabilité. J'avais beau chercher ce que j'étais encore peu
de temps avant, je ne retrouvais qu'un espace
désert, une conscience soufflée.

Plus que tout autre, Primo Levi me faisait
comprendre que je ne traversais là que les méan-
dres d'un aspect du Mal. Au-delà des circonstances
et des particularités de la déréliction dans les
camps, il me tendait la main et m'invitait non pas
à chercher du fond de mon dénuement d'illusoires
repères qui me feraient souffrir plus qu'ils ne
m'aideraient, mais à replacer mon destin dans la
cohorte infinie des vies bousculées, c'est-à-dire à
prendre réellement conscience de mon humanité.

Certes on essayait de me guérir et pas de
m'anéantir, mais la violence de cette maladie et de
ces traitements, l'abandon intérieur que les médecins ne savaient pas consoler me donnaient à vivre
une expérience dont je ne reviendrais peut-être pas
et que je savais exceptionnelle.

Je m'étonne d'avoir enregistré tant de gestes, de regards, de silences : je voyais l'hôpital si familier et la vie même, comme je ne les avais jamais vus ; je voyais cette moitié invisible aux gens en bonne santé.

Entre deux livres, lus comme on scrute des lueurs de sémaphores, le sommeil me rembarquait pour l'imprévisible. Parfois tranquille et réparateur, il pouvait être agité par des messages retors ou devenir une folie festive, un carnaval qui se déroutait vers des rues inconnues, vers des coupe-gorge louches, préambules à je ne sais quelle surprise.

Les rêves étaient le seuil de l'entrée dans un pays dangereux. À mon réveil, il était difficile d'oublier leurs signaux et de ne pas entendre comme des prophéties leurs paroles menaçantes. Je devais me répéter que j'étais en enfer et que, même si je me croyais sur la bonne route, tout pouvait être orchestré pour moi ou contre moi, arbitrairement ; que, si un « tu vas mourir » détonait dans un rêve, c'était seulement signe de la malice d'un mauvais génie, une fausse prédiction que je devais ignorer.

La paix — il n'était plutôt question que de rémission de l'angoisse — fluctuait et dépendait de mon abandon à ce qui émergeait des rêves, de ma manière d'accueillir leurs racontars. J'étais précipité sur un chemin qui rappelait un peu le *Livre des Morts* : je titubais sur des falaises à pic, traversais des marais, errais sur des steppes où il fallait éviter des insectes géants, des cités fantômes ; des ombres attendaient et s'avançaient avec majesté ou furtivement ; je devais affronter des présences sans visage, des serpents qui se transforment, écouter sans croire, regarder sans être dupe et surtout ne pas me laisser aller à la peur.

Les rêves nocturnes profitaient de ce que je sois sans défense à côté de Benjamin. Ils m'emportaient beaucoup plus loin, tellement plus loin que le rêve ou le cauchemar d'un homme en bonne santé.

Benjamin et moi traversions l'invisible pays en parallèle, sans plus nous voir. Quelquefois il sentait que je venais de me réveiller ; il caressait mon bras, serrait mon poignet, posait sa main sur ma poitrine ; il attendait que le cœur se calme ou que je décrive mon rêve. Je me rendormais, lui non. Après, me dirait-il plus tard, il se penchait au-dessus de moi dans l'obscurité pour respirer ma peau et baiser doucement mon front.

Il veillait sans cesse, je ne m'en rendais presque plus compte.

J'ai de la fièvre ou je geins de lassitude ; je n'ose plus bouger, je sens que la douleur prépare sa mitraille ; j'ai peur et j'interpelle le mur pour la conjurer. Benjamin se rapproche de moi. Va-t'en. Il retire sa main. Quand le bourrèlement ou les nausées me précipitent dans la salle de bains, je le sais près de la porte et lui souffle de ne pas me rejoindre. Si mon silence dure trop, il entre, s'accroupit et me relève. Nous retournons nous coucher. Ses doigts glissent sur mes lèvres. Impossible de parler. Le corps est calme. Rien d'autre ne compte.

L'un contre l'autre, nous ne sommes plus cette maison que nous étions l'un pour l'autre. Nous n'avons plus de maison.

Benjamin ne s'impatientait pas, ne se plaignait pas de mes sautes d'humeur. Il travaillait en bibliothèque toute la journée, revenait avec des douceurs que je boudais, s'allongeait à côté de moi qui somnolais.

Si j'allais bien, je parlais de mes lectures, lui racontais certains aléas de rêveries, décrivais les patients croisés en chimiothérapie et aussi ces gestes, ces regards, cette indifférence, cette compassion chez les autres. Il expliquait les recherches qu'il comptait faire à Paris, donnait des nouvelles des amis et transmettait leur bonjour, m'assurait qu'il tenait le coup. Je faisais comme si c'était vrai. J'avais besoin de croire qu'il était serein, que je pouvais m'appuyer sur lui.

Plus tard, j'ai su que certains soirs il faisait deux ou trois fois le tour du pâté de maisons avant de rentrer, qu'il traînait dans les supermarchés, manquait souvent la station de métro. On l'avait prévenu : ce serait difficile, il serait seul et avec cette mauvaise part de celui qui souffre et n'ose se plaindre. Jamais je ne l'ai vu pleurer, sauf le matin de son arrivée des États-Unis : il pleurait avec les autres, quand il raccompagnait certains amis ou mes parents venus nous rendre visite ; ou seul sous la douche. Ce qu'il vivait vraiment se laissait voir par hasard. C'était chaque fois bouleversant : je constatais à quel point nous nous étions absentés de nous-mêmes.

Un soir, par exemple, j'avais tiré le rideau pour fermer les volets juste au moment où il passait. Me voyant apparaître, il n'avait pu cacher cet air effrayé que je lisais sur certains visages quand je me promenais dans la rue, mais le sien plus triste et plus atteint que n'importe quel autre. Mon reflet dans la vitre s'était superposé au sien et j'avais vu ce qu'il voyait.

Un autre jour, je l'avais aperçu depuis un demi-sommeil sortir nu de la salle de bains : la lumière éclairait le relief de son dos et de ses fesses. Mon désir pour lui s'était remué comme un très vieux génie ankylosé, qui n'aurait plus de pouvoir ; il était retombé presque aussitôt dans sa léthargie. Sans le remarquer, me croyant endormi, Benjamin avait quitté la chambre. Alors j'avais compris qu'on allait se perdre, que peut-être on ne se retrouverait pas.

L'homme en lui semblait avoir disparu, un ange l'avait remplacé, qui avait ses traits, sa voix et son corps mais n'était plus tout à fait le garçon avec qui je vivais depuis dix ans. Un ange, c'est comme un homme bienveillant qui vous regarde souffrir et mourir sans rien pouvoir pour vous, un homme immortel qu'on ne peut plus aimer, puisque aimer c'est aimer ce qui va mourir comme soi.

C'était désolant, ça ne me peinait pas. Pour ne pas nous tourmenter davantage, je me disais, sans me risquer à imaginer le contraire, que les traitements achevés tout rentrerait dans l'ordre.

II

Au printemps suivant, mon cancer était déclaré en rémission complète. Les médecins se prétendaient optimistes. Je ne dormais plus des après-midi entiers, je reprenais du poids et des forces. Mes cheveux repoussaient. Une énergie faramineuse faisait résurgence.

Les traitements anticancéreux dépouillent si méticuleusement que lorsqu'ils s'achèvent on croit recommencer de zéro. On se dit que c'était une initiation et que dans la vie nouvelle toutes les chances vont être redonnées; on se dit qu'on ne manquera plus rien qui passe à portée.

Gourmand de tout et beaucoup plus jeune qu'avant, sans avoir eu besoin de signer de pacte, j'étais un faune sorti d'hibernation. Le regard des inconnus me réchauffait, où je ne lisais plus la surprise, la gêne, la pitié. Je sondais entre eux et moi ce calme qui vient de l'inquiétude du désir renaissant.

Jusqu'à présent, j'avais préféré ne pas songer à ce qu'il adviendrait de Benjamin et moi. Je ne voulais pas croire que cette coque dans laquelle la maladie nous avait piégés nous couperait l'un de l'autre, une fois ouverte. Il fallait bien le constater après quelques semaines : mon désir pour lui ne revenait pas, je n'avais plus que de la reconnaissance et le sentiment, quand je le repoussais, d'être un ingrat ; il était devenu une absence et sa présence physique, qui m'avait tant apaisé, me tourmentait par le vide qu'elle rappelait.

Quelque chose d'extrêmement turbulent m'agitait aussi quand il n'était pas là. J'étais assailli par un peuple de lilliputiens : c'étaient les petites flèches de rêves négligés, d'élans bâillonnés ou ignorés, de partir sans but, tous ces possibles auxquels on ne prête plus attention ou qu'on croit éteints.

Démobilisées en moi, des forces errantes et désœuvrées ne parvenaient pas à se disperser, elles aspiraient à l'Aventure qu'elles avaient aperçue grâce à cette maladie ; elles aspiraient à une intensité aussi forte que celle qui venait de m'imposer, des mois durant, une concentration et une conscience d'être comme je n'en avais jamais éprouvé. Certes je voulais guérir et ne tenais pas à rester malade, mais quelque chose se débattait pour préserver la vigueur de ce qui s'encalminait peu à peu. C'était le mal inattendu de la santé.

Les autres, surtout s'ils n'ont pas été malades et ne peuvent que supposer, vous affirment qu'après la tempête c'est la folie de vivre qui rejaillira, qu'après on voudra manger le soleil et les étoiles. On me disait avec candeur : c'est merveilleux, tu es dans une forme éblouissante, tu es guéri.

Après quelques semaines de santé et de désirs tous azimuts plus ou moins contenus, j'ai dû admettre que ce réveil en fanfare n'avait rien de joyeux. Comme un vétéran qui ne se sent plus chez lui à sa place, je regrettais le temps des batailles. Je n'étais pas encore sorti de l'enfer. Il me restait à faire la route sans héroïsme du retour vers ce qui n'existait plus. Il n'y avait pas eu de Révolution métaphysique ni d'Apocalypse ; et la mer ne s'était pas ouverte. La poésie de tout ça, où l'avais-je vue ? Je ne me plaignais pas. Non, bien sûr. Chaque consultation avec le cancérologue me rappelait que j'avais de la chance. Le pronostic de ce cancer n'était pas si mauvais.

Pour être joyeux, il aurait fallu que j'aie l'impression de ne rien perdre en guérissant. La maladie fait parcourir très vite le chemin vers les terres du dedans. On veut aller mieux, mais on ne voudrait pas que la santé ferme cette voie sur l'immensité. On se retrouve devant un mur; quelque part il y a un passage qu'on sait implacable mais qui disperse les peurs et sculpte de soi une forme plus épurée. J'aurais voulu revenir sans rien perdre en simplicité de cette épure-là. Cette nostalgie faisait de moi un étranger pour ceux qui me connaissaient.

Benjamin est retourné à New York, je voulais m'isoler quelque temps et promettais de le rejoindre au cours de l'été. Le voile de grisaille au travers duquel nous nous cherchions ne se dissipait pas. Nous ne concluions rien de ce silence entre nous, nous avions décidé de nous donner la liberté d'aller où bon nous chantait.

Me considérant célibataire, je m'étais mis à courir d'aventure en aventure. Quelque chose devait irradier de moi, une audace détachée peut-être; ou alors ma descente en enfer me rajeunissait-elle? Mon succès m'étonnait.

J'avais soif de corps multiples et d'exotisme. Le désir n'avait plus de règle ni de type. Je ne voyageais pas sur la peau ou par le corps de garçons de passage mais dans la peau du désir même : je parcourais une lignée issue des fils de Noé et, les désirant tous, je sentais inscrite en moi l'Humanité entière — une moitié du moins.

C'est ainsi que Djollali le copte, fuselé et insaisissable comme une libellule, engendra Bilal l'Algérois; Bilal engendra Xavier au nombril percé, qui engendra Kolia aux aréoles sensibles comme des sifflets à eau, qui engendra Florent au tatouage maori, qui engendra les frères Halim et Kader, qui engendrèrent Antoine au petit matin sur un pont, qui engendra Toshio puis Tuan qui parlait de la genèse des soleils, qui engendra Manuel le bien nommé, qui engendra un autochtone dont je ne sais pas le prénom, qui engendra Nadir sans le sou, qui engendra Léo moyennant quelques billets, et Michaël prétendument puceau.

Fasciné par la diversité de mon désir, de ses réponses et de ses veillées inattendues, je me sentais une putain sacrée.

Cette lignée d'amants formait une passerelle invisible : l'ivresse de la rencontre, la convoitise satisfaite, la frustration même, quand le désiré continuait son chemin, déployaient devant moi un large et solide appui; nuit et jour, ces garçons m'enlaçaient tout en toronnant les cordages qui me permettaient d'avancer au-dessus de l'incertain et de rembarquer sur la goélette qui m'éloignerait de l'île au trésor redoutable où la maladie m'avait fait échouer.

Cependant quelque chose ne revenait pas et son absence me pesait : cette émergence de libido, cette urgence à jouir étaient plutôt les signes d'un deuil sans défunt.

Cran après cran comme une noria, la roue me rapportait de l'eau, à moi qui ne cessais de répéter : j'ai soif. Je disais « oui » à tout ce qui venait, l'eau s'écoulait toujours trop vite, je léchais mes mains mouillées comme un misérable à qui on dit finalement « non ». Je ne savais comment étancher cette soif-là.

Les nuits, les rues et les quartiers jamais arpentés, les cages d'escaliers et les appartements entrevus, les chambres glauques ou cossues, les lits en désordre, les matelas par terre, les bruits inhabituels du petit matin, c'était un domaine encore trop étroit pour ce quelque chose dont j'avais approché le double terrifiant et qui m'avait ouvert un espace tellement plus vaste que le désir physique.

Alors le vieux chant s'est fait entendre. Il s'était levé souvent dans ma jeunesse ; seul Benjamin avait calmé son ardeur qui réclamait le départ. Tambours et clairons : il grondait à présent.

J'avais prévenu Benjamin que je ne resterais pas longtemps avec lui à New York. J'avais une idée fixe : le désert, celui du Nouveau-Mexique en particulier.

Mon obsession venait d'anciennes rêveries et de projets de voyage avortés, mais elle tenait surtout à cet éblouissement initial lorsque j'avais compris et à cette nudité surréelle de l'espace et du temps juste après.

On parvient rarement à taire ce qu'évoque le monde qui nous entoure, on le désirerait mais il faut qu'en soi ça jacasse. On habite ainsi un monde composite, qui change au gré des humeurs et s'orne comme un sapin de Noël de souvenirs d'enfance, d'histoires qu'on se raconte et de croyances dont on ne peut tout à fait se déprendre ; un univers familier qu'on accoutre de guenilles et à qui, tel un vieux chien, il ne manque décidément que la parole.

Soudain un grand bruit, le big-bang, puis le grand silence. Le décor est soufflé. L'univers est toujours là, mais nu et imposant comme un corps qu'on vénère et qui se tait. Le temps n'existe plus ; jusqu'à ce que, devant cette beauté, on le sente frémir à l'appel d'infimes voix qui montent et s'emplir peu à peu de murmures d'émerveillement.

C'étaient ces bruissements que je n'arrivais plus

à distinguer en moi, parce que la vie ordinaire recommençait à bavarder ; et cette surdité relative était une cicatrice douloureuse, le signe d'un savoir atténué, d'une conscience amoindrie.

Après la lecture d'un livre que j'évoquerai longuement plus loin, j'avais commencé d'écrire un récit de mon voyage dans la maladie ; je cherchais par le langage à désobstruer l'immensité aperçue par ce trou que les termes médicaux avaient bouché d'une masse grise et d'explications savantes ; je tentais par le langage de discerner les limites de ce trou-là, malgré son aura d'angoisses et de pensées noires, pour sentir encore la brûlure de la *vérité*.

Je me disais que le désert me rendrait la plénitude vide, éprouvée dans mon lit le premier matin et, avec elle, la multitude des voix que cet état transitoire avait démuselées et qui annonçaient le Nouveau. Les mots ne me tromperaient pas : le Nouveau Monde et la Nouvelle Frontière. *West ! Go West !* Voir les couleurs des débuts, les socles de la Terre. Quand on a soif de violence et de hasard, quand on a soif d'être, rouler sur des étendues sans fin fait croire qu'on traque l'origine. Je voulais traquer là-bas l'Homme Nouveau.

On a beau savoir que le mythe de l'Homme Nouveau est une piètre marionnette qui fait signe à l'horizon aux laissés-pour-compte, lorsqu'on n'a presque plus rien, on est emporté par ce qui reste : les mots et des mensonges — et par cet instinct du chasseur que réveille le danger.

À New York, quand le taxi m'a déposé devant l'immeuble, le concierge rangeait les poubelles et des liasses de journaux. À côté de lui, une vieille Chinoise triait les canettes. À l'angle de la rue, une nouvelle tour grimpait et sur le trottoir d'en face, un coffee-shop s'était ouvert depuis l'année d'avant.

Benjamin m'attendait. Il était descendu pour m'aider à porter la valise. Nous ne nous étions pas vus depuis deux mois. Il semblait avoir rajeuni d'un nombre incalculable d'années.

Le décor n'avait pratiquement pas changé dans le studio, il paraissait morne, petit et en ordre, miné en fait comme après l'explosion d'une bombe à neutrons. Qu'est-ce qui pouvait avoir survécu des liens que j'avais tissés avec cette pièce ?

À New York plus encore qu'à Paris, je sentais douloureusement que quelque chose avait été envoyé beaucoup plus loin que mon corps par le choc, s'était égaré et cherchait à tâtons comment revenir. Ces semaines de séparation n'avaient rien arrangé entre nous. La présence de Benjamin me faisait mesurer à quelle profondeur j'étais mutilé. Je ne le désirais plus, lui non plus d'ailleurs.

— Aide-moi, disait-il parfois en me serrant dans ses bras.

Je me taisais et ne réagissais pas.

— Il faudra être patient, finissait-il par ajouter.

Patient ! Comment pouvais-je être patient ?

Si New York fascine et attire, on se rend vite compte en y vivant que cette ville, qui semble résumer le Monde, suce en soi le désir de l'univers et qu'on n'y peut pas faire l'amour avec le cosmos.

Pourquoi aurais-je dû patienter ? Est-ce qu'il n'était pas temps ? Temps de quoi ? N'avais-je pas déjà *tout* reçu ? Je connaissais la *vérité*. Je voulais la partager et je ne savais comment, ni si c'était elle vraiment que je voulais partager. Il m'avait fallu revenir à Manhattan pour comprendre aussi de quelle vérité il s'agissait. Une évidence, dont il n'était pas aisé de parler, car si je disais : j'ai compris que je suis mortel, on répondait : oui, évidemment, nous aussi. La vérité ne se réduisait pourtant pas à un « je vais mourir » ni à un péremptoire « évidemment ». La vérité, c'était la solitude radicale que j'avais éprouvée lorsque je m'étais cru condamné; elle était une réalité sans issue : une simple condition existentielle. Et si, depuis qu'on m'avait rendu l'espoir, la violence de mon exclusion du reste de l'humanité par la certitude de la mort s'était atténuée, si, depuis, la conscience de cette solitude-là s'était un peu estompée, elles demeuraient en moi comme une douleur quiescente, un caillou noir dans un jardin zen : le résidu de toute consolation.

Benjamin avait repris sa vie d'avant, même si c'était presque sans moi. Quand nous nous promenions dans les parcs, sur les hauteurs de Brooklyn ou sur les quais le long de l'Hudson, quand nous rendions visite à des amis ou à sa famille, nous marchions sur les traces de ce que nous avions été. Un peu partout tintaient les bruits de clochettes funéraires. Benjamin essayait de dissimuler sa tristesse. Il m'arrivait de penser qu'il m'aurait moins perdu si j'étais mort, puisque je ne savais plus l'aimer — puisque peut-être je ne savais plus aimer du tout.

Il s'efforçait de faire comme si rien n'avait changé, il savait attendre : c'est ce « comme si » et cet « attendre » que je ne pouvais supporter.

L'immobilité paraissait un obstacle intolérable à l'absolu que j'avais entrevu une fois et qui s'était brouillé. J'étais devenu un exalté qui invoquait la face cachée des choses. J'arpentais les rues et frappais du pied les ombres des immeubles, je les sommais de devenir vivantes ; j'aspirais à ce que la matière s'anime, me terrorise ou me foudroie, qu'importe, mais qu'elle rayonne de la réalité qui se manifeste quand on voit en face sa propre mort. Faisant écran à cette supernova terrestre, extase ou jouissance, se dressait le décor monumental d'une ville où les gens, et Benjamin au milieu d'eux, tranquillement marchaient, mangeaient, jouaient avec ce comme si.

Malade, j'avais contemplé le brasier abstrait qui détruit et reconstruit tout. Sur la route du retour, je n'en finissais pas de traverser ce continu et secret tohu-bohu. Comment les autres faisaient-ils pour ne pas s'émouvoir de cette révolution de l'être en eux et autour d'eux ? Peut-être que ces gens étaient des anges et que ma découverte ne les concernait pas ? Peut-être que j'étais le seul être humain ?

Depuis que l'ère victorienne a fait pousser sur New York ses pinacles, ses gâbles et ses gargouilles néogothiques, la ville est piquée d'anges comme une coiffe de vieille communiante. Sur les façades, au coin des rues, ils veillent entre les écailles des gratte-ciel. On ne les distingue pas toujours, mais pourvu qu'on soit dans une disposition de rencontre, ils sont prompts à se dégourdir et à assaillir le ciel de leur grouillement ou bien le remplissent de ce silence assourdissant, qui résonne de leurs cris, de leurs chants tristes, de leurs pleurs d'amour.

La nuée invisible est à l'œuvre : ils martèlent, restaurent, sacrifient. On peut les deviner s'accotant aux pilastres quand ils ne s'affairent pas, dissimulés derrière les panneaux publicitaires, ou, travestis en génies du progrès et tout clinquants de promesses, les entendre défier les ombres des buildings et, brusquement, se taire dès que l'esprit descend de sa terrasse et s'aplatit dans le terre-à-terre : alors on pense souffrir d'une surdité intermittente, celle précisément qui m'assombrissait depuis le début de ma convalescence — parce qu'elle durait.

L'ange est une créature qui vit dans cet espace entre le soi d'avant et le soi d'après, et qui chasse vaillamment les fantômes. C'est une baleine céleste, qui rôde dans le souvenir de ce qui a explosé et avale ce qui reste des visions originelles. Voilà pourquoi son chant est si violent et si triste.

Dans cette ville, plus pénétrantes que partout

où je voyagerais plus tard, j'ai perçu, sans pouvoir vraiment les capter, les ondes rémanentes de mon big-bang intime. Elles faisaient vibrer ces envies d'ailleurs, de nuits qui ne finissent pas, de communion universelle, dans l'opaque transparence d'un destin que, tout compte fait, je préférais silencieux plutôt même que bienveillant.

Je vagabondais jusque très tard, rien ne me contentait. La place que le désir de Benjamin avait laissée vacante était assiégée par quelque chose qui se dilatait et m'étranglait, que je ne pouvais contraindre et qui se moquait de tout.

Partir était le sésame. Je ne voulais pas devenir comme le héron du conte soufi qui soupire après le large en attrapant des petits poissons et n'ose pas quitter la grève.

— Eh bien, pars, disait Benjamin.

Très vite, il n'avait plus dit : aide-moi.

Être malade avait fait de moi un être aux aspirations cosmiques. Être en bonne santé ne faisait peut-être de moi qu'un égoïste.

L'état quasi extatique, ce vide d'une extrême densité, qui m'avait transi juste après qu'on m'eut annoncé que j'avais un cancer, aura été la plus surprenante étape de mon aventure.

Aucun état amoureux, aucun événement, aucun autre voyage ne m'a donné à vivre cet exotisme engendré par l'effroi de me savoir condamné : un exotisme qui rejette aux confins de toute singularité, sous la menace, au bord du morcellement. Il me semble que je venais de toucher au plus loin de la conscience de l'homme vivant.

De quoi exactement avais-je fait l'expérience ? Je suis bien en peine de le dire. La peur, la volonté, tout désir étaient suspendus ; je subissais un vide qui m'emplissait totalement. Jamais je n'ai cru — et je ne le crois toujours pas — qu'une transcendance, une altérité radicale firent irruption alors. C'était plutôt une vision traumatique. Je

venais de me heurter contre une obturation indépassable, comme lumineuse, qui éclipsant mon
moi en avait effacé les frontières sans en annihiler
la présence. En ce lieu intérieur, j'avais éprouvé
une unité inattendue dans la vision d'un moi sans
moi. C'était comme un baiser de ma conscience
rassemblée — un baiser de l'éternité ou d'adieu
peut-être ; et puisque je n'étais pas mort, je devais
appartenir à la communauté des deux fois nés.

Naître par l'esprit semble plus qu'une illumina-
tion passagère. La seconde naissance, dont Jésus
entretient Nicodème ou Bouddha ses disciples, ne
se manifeste pas comme un météore qui transfor-
merait l'esprit seul ; le corps entier participe à cette
fulguration. Après quoi il faut la lenteur et le silence
pour que s'opère la réaction progressive de l'être.

La décélération qu'impose cette seconde naissance se fait longtemps sentir après que le quotidien a réimposé son rythme. On peine tant à
se réhabituer à la vitesse ambiante qu'on se croit
atteint d'un vieillissement précoce ou d'une sé-
quelle handicapante ; on ne regrette pas forcément
la vie d'avant, mais on se sent endeuillé, sans bien
savoir ce qui est perdu.

En raison peut-être du mouvement vibratoire,
propre à Manhattan, j'oscillais entre des moments

où mon esprit se rouvrait et pleurait de reconnaissance et des heures d'affolement où l'urgence
d'exister était insupportable. Nous devions, à
cause de moi, passer la plupart des week-ends chez
des amis sur la côte du Connecticut ou ailleurs en
Nouvelle-Angleterre.

Escalader les dunes hérissées d'oyats et de sali-
cornes, se laisser hypnotiser par les stridulations
des cigales dans les ormes, guetter la gueule d'un
phoque sentinelle, nager à marée montante jusqu'à ce que les pieds quittent le sable, crawler seul
vers les plus hautes vagues : mon corps appelait à
l'expansion de cette conscience physique.

Très vite, la présence des autres m'importunait,
ceux d'avant surtout, et une inquiétude érodait les
plaisirs : je n'avais pas envie de bivouaquer dans ce
pays où j'avais laissé des gens que j'aimais bien,
mais avec qui je ne pouvais partager ce qui m'était
devenu si précieux. Leur lenteur de vacanciers était
inerte, leur oisiveté inactive. Je ne cherchais pas
une retraite organisée pour tuer le temps : je voulais le rendre immémorial.

Benjamin, qui me sentait devenir ombrageux,
m'entraînait en balade. Il veillait encore sur moi,
même s'il était impuissant comme les autres quand
je claquais les portes et m'en allais prendre l'air.

Le plus souvent, je me réfugiais dans un musée.

À New Haven, à Boston, à New York, c'étaient les rares endroits où je pouvais me soustraire à mon agitation intérieure. Dans le calme d'une salle retirée et peu fréquentée, alors que j'étais absorbé dans la contemplation d'une œuvre, affleurait cette lenteur qui manquait autour de moi.

Je poursuivais, insatiable, mon voyage dans de vieilles émotions toutes neuves, étonné et reconnaissant d'être touché, comme jamais avant, me semblait-il, par le velouté d'un tapis peint par Vermeer ou d'une grappe de raisin du Caravage, par le regard dévasté d'un Christ de Memling, par une marine incendiée de Turner, par l'effronterie d'un gamin de Ribera.

La musique aussi m'émerveillait comme si je la découvrais ; et l'adieu du *Chant de la terre*, les pressentiments du *Voyage d'hiver*, les aurores et les appels mystérieux des symphonies de Bruckner surtout auront été des reposoirs inespérés où j'ai vécu d'éphémères et immuables épopées.

Chaque visite dans un musée, chaque concert faisaient résonner l'émotion esthétique — cette émotion qui, sans ouvrir au mysticisme où conduit la perception du cosmos, mène à la gratitude — comme une clameur existentielle ; mais je n'en pouvais parler à presque personne sans m'exposer à l'indifférence ou pire à une condescendance convenue : Oui, bien sûr, Le Caravage! Quelle peinture!… Ah, Mahler!

Faut-il avoir mis tant d'années à comprendre, à entendre, à voir? Est-ce que je pensais avant, est-ce que j'écoutais, est-ce que je voyais? Est-ce que je vivais même?

Un après-midi d'errance au Metropolitan Museum, j'ai remarqué dans le département d'art égyptien une nouvelle acquisition : le fragment presque complet du portrait d'une jeune princesse de l'époque amarnienne, fille probable de Néfertiti et d'Akhenaton.

Ce visage de quartzite est aspiré par un crâne rasé, exagérément allongé, comme il est d'usage dans les portraits royaux de cette époque. La joue et la tempe gauches sont rongées, le front est abîmé, le nez et le menton sont cassés. La figure n'a plus de bouche mais la conque de l'oreille droite, parfaitement conservée, lui donne un air très attentif.

En ce temps-là, un pharaon avait aboli la religion des dieux ancestraux et fondé dans le désert une nouvelle capitale dédiée au Soleil, seul et unique créateur. Il avait régné près de vingt ans et mené le pays à la limite du désastre. À sa mort, les palais, aujourd'hui près de Tell el-Amarna sur la rive est du Nil, avaient été abandonnés et les cultes anciens rétablis.

Cette princesse avait sans doute été témoin d'une des plus étonnantes révolutions de l'Égypte antique. Elle devait avoir cette sévérité fragile d'une enfant grandie avant l'âge. Le spot faisait briller les cristaux de quartzite. Elle semblait transpirer.

À force de la regarder, j'allais pleurer. C'est qu'un autre visage venait de me la rendre familière : celui d'une jeune femme croisée quelquefois, lorsque j'attendais mon tour pour la chimiothérapie.

Un petit pois lui avait poussé dans le sein. Les médecins l'avaient extirpé en la mutilant; ils avaient décidé ensuite de la bombarder au cobalt et de l'abreuver de poisons pour détruire les indétectables rhizomes qui risquaient de surgir plus loin, plus gros, plus virulents. C'était une petite princesse qui en avait beaucoup vu elle aussi.

Elle parlait souvent à son fiancé de cheveux. Nous étions glabres et chauves. S'ils repousseraient et comment? Si leur texture se modifierait? Elle disait que leur couleur pouvait changer. Ses dents la préoccupaient encore plus. Elle redoutait de les perdre à cause des rayons; or les dents, ça ne repoussait pas, ça n'était pas comme la queue des lézards ou des salamandres; et nous d'ailleurs, nous n'étions pas des salamandres, nous ne résistions pas au feu; on nous bombardait mais nous n'en sortirions pas rajeunis et transfigurés.

La petite princesse avait entraîné sa cour dans le sillage du souvenir : d'autres malades, peut-être noyés depuis.

Un homme en particulier, à qui la maigreur donnait une allure d'aristocrate anglais. Il avait dû ressembler plus jeune à ce portrait par Van Dick de James Stuart, duc de Richmond et de Lennox, que j'avais revu plus tôt dans le musée et dont la collerette, la légère inclinaison du chef et le strabisme m'avaient douloureusement ému, sans que je comprenne pourquoi.

Une maladie lui caparaçonnait le cou de ganglions. Plusieurs cures n'étaient pas venues à bout de ces grosseurs. Des opérations avaient déformé sa mandibule, des cicatrices violines le guindaient et certains mouvements dévoilaient des hématomes sous l'écharpe ou le col roulé qu'il portait chaque fois que je l'avais croisé. Une ombre inquiétait sur lui, qui s'était insinuée en moi quand j'avais cru que j'étais perdu. Une ombre où désespoir et humilité font du visage un masque d'albâtre gris.

Six ou sept patients attendaient ensemble leur cure. Nous nous regardions; nous n'avions rien à dire de plus que notre être brut, pénétré de la connaissance et de son intransmissibilité. L'hôpital de jour donnait de la noblesse à ceux qui y passaient et dont on ne savait pas grand-chose. Nous étions vraiment des signes vivants : en transit, condamnés mais initiés.

Il y avait bien des égarés, des anxieux, des éperdus qui devaient se savoir piégés et se tenaient raides, sans gaillardise, sans amabilité, ou gaillards au contraire et maquillés d'une gentillesse de surface. Certains gênaient par leurs plaintes, on ne le leur disait pas. On entendait l'angoisse les envahir, dès qu'ils s'adressaient au médecin. Celui-ci n'avait qu'un quart d'heure à consacrer à chacun ; en un quart d'heure, il fallait dire le Mal sous sa forme la plus précise et sordide, et taire l'essentiel : ce scandale et cette fragilité qui rendaient étrange et hostile absolument tout ce qu'on avait cru apprivoisé. Les réassurances lancées par le médecin n'apaisaient pas l'affolement muet qui pouvait naître à écouter les autres décrire les symptômes dont on souffrait tous : les cuvettes conchiées de sang, les fièvres à grosses gouttes, les escarres, la salive tarie. Devant la prolifération inévitable des maux, le médecin imposait la concision.

Et puis il y avait ceux qui se taisaient de peur de contrarier les traitements, de peur que leur indignation ne les condamne, que le mauvais œil ne s'offusque, lui qui guettait et se disait tout bas : Tu en as marre? Attends la suite!... Tu souffres, tu rechignes? Pauvre poulet!... Et toi, ne rigole pas bêtement, je t'apprendrai!

Certains se taisaient aussi, qui n'en revenaient toujours pas d'être là.

J'ai dit au revoir à la princesse amarnienne et je me suis précipité hors du musée. Les immeubles formaient des remparts qui bouchaient ma fuite. Des files de taxis et de voitures coulaient sur l'avenue. J'ai suivi le flot. Un peu plus loin, un bastion de publicités lumineuses m'a stoppé. Sans même me bousculer, les gens m'agitaient sur le trottoir. J'aurais donné n'importe quoi pour qu'un inconnu me fasse d'un regard : tu n'es pas aussi seul que tu penses.

On ne me voyait plus. Depuis que j'avais découvert que j'allais trop tôt mourir, que rien ne pouvait me le faire oublier, j'étais prisonnier derrière un miroir sans tain. L'assurance et les certitudes des autres me transperçaient. Ma vie vibrait dangereusement. Je ne savais plus me protéger. On était en train de me presser de mourir.

Au-delà du bastion — un grand hôtel au sud de Central Park — s'ouvrait le labyrinthe des rues et celui plus abstrait que dessinent les passants, les couloirs des gares, les rats qui traversent les voies et les rames de métro qui gobent tout ce qui vole.

Savoir isole dans une tombe éventrée, qu'on nomme lucidité pour se réconforter. Savoir me faisait horreur.

Beaucoup plus tard, je suis allé picoler dans un club privé de l'East Village, non loin d'où nous habitions avec Benjamin. J'y avais passé pas mal de soirées depuis mon retour. La nuit, on y croise des traînards et des paumés devant des films de cul. La musique écrase tout à force de boire. Dans cet endroit aussi, il arrivait que le temps s'arrête.

J'ai regardé longtemps deux types se déhancher avec frénésie. Quelques heures après, j'étais avec l'un d'eux 158e Rue, dans le nord de Harlem.

Je me suis réveillé au petit matin, seul dans le lit. La lumière venue d'une cour intérieure tamisait la chambre, un appareil à air conditionné bourdonnait dans une autre pièce. Je suis allé pisser, une grisaille floue bougeait autour de moi, j'avais trop bu; je me suis recouché sans chercher le garçon. J'étais courbatu. Il est vrai qu'on avait baisé avec pas mal d'ardeur.

Nez, oreilles, gorges et toutes ces lèvres sens dessus dessous. Pendus au cou l'un de l'autre, les jambes levées, il aurait fallu qu'on puisse demeurer ainsi accrochés à des lianes invisibles ou en lévitation. On finissait par retomber sur le lit. Je plaquais sa tête contre le matelas pour l'embrasser, il me repoussait pour reprendre son souffle et m'assaillir. À un moment, étonné et ravi, il avait dit : tu avais l'air câlin pourtant. Ç'avait été pour relancer ses mains sur moi dans l'enthousiasme de l'abordage. Étreignant mes hanches ou mes épaules, les rudoyant, il se faisait passer pour un expert du grand large.

Son sexe était un être à part. Je te présente mon frère jumeau, avait-il dit avec malice dans l'ascenseur où on avait commencé à se tripoter. Enchanté. Il se dressait avec l'élégance d'un mutin racé. Devant moi, sous moi, au-dessus de moi, ce frère obstiné dénouait les gréements et déployait les voiles de la nuit dans laquelle il m'engloutissait, fasciné, un peu effrayé même, comme Jim Hawkins dans son tonneau de pommes. Tournoyant autour d'un besoin féroce, le jumeau avait engendré une houle puissante. Vivre. Il y avait eu des éclairs et des gémissements.

Le garçon devait dormir sur le canapé du salon, j'entendais grésiller faiblement la télé. Il voulait devenir acteur, avait-il dit. Au début, il tournerait dans des pornos pour payer son loyer au type qui l'hébergeait.

Plus tard, des bruits dans la cuisine m'avaient réveillé. Devant une tasse de café qui avait duré et s'était mêlée de petits baisers, il avait raconté ses projets d'avenir.

Ici on ne faisait pas de cadeau, tout se payait cher. Et puis il y avait la langue et la mentalité. On pouvait quand même faire son trou. Il était arrivé d'Haïti un an plus tôt, ça lui faisait rudement plaisir de parler avec quelqu'un qui comprenait. Ces gens-là, disait-il des Américains, n'étaient pas comme les Haïtiens ou les Français, ils ne connaissaient rien au plaisir de vivre. Sûr qu'il allait leur montrer à ces donneurs de coups de rein comment on baisait en Haïti. On lui avait prédit qu'il deviendrait une star.

Ce matin-là, il devait rencontrer un producteur dans un hôtel près de Columbus Circle. Il était déjà tard. On pouvait se revoir vers midi, manger un morceau, faire une balade dans Central Park, comme il me l'avait proposé la veille, et revenir se faire des chatouilles dans l'appartement. Il avait toujours rêvé d'avoir un ami français et de passer un été à Paris. Sûr qu'il me rendrait visite dès qu'il aurait les moyens.

Par ironie, par romantisme ou par hasard, je ne sais, il me donnait rendez-vous sur la terrasse de

Bethesda, devant la fontaine de l'Ange guérisseur. Il pourrait avoir du retard, il viendrait. C'était un homme de parole, baptiste pratiquant, d'une congrégation libérale, ça allait de soi, et avant tout serviteur de Dieu.

J'ai descendu l'avenue Saint-Nicholas depuis la 158e jusqu'à Central Park en zigzaguant dans ces quartiers que je ne fréquentais jamais.

Installé au soleil devant l'Ange de la fontaine, j'ai attendu. Trois heures plus tard, j'étais toujours devant la fontaine. Je savais bien que ces rencontres d'un soir ne mènent en général à rien d'autre qu'à un bon moment et à des attentes déçues, mais ce n'était plus lui que j'attendais.

La parenthèse très longue, ouverte la veille, s'était refermée. Pendant quelques heures, je n'avais plus pensé à la petite princesse ni à l'homme guindé. La dernière fois que je les avais vus, pour l'un et l'autre, la rémission n'était pas complète malgré la fin des cures, ils allaient devoir subir un protocole plus lourd. On leur avait laissé entendre qu'ils avaient des chances de s'en tirer, mais très peu.

L'Ange tendait le lys de son détachement. La sculptrice Emma Stebbins avait dédié cette œuvre à sa compagne malade. *De profundis*. Bel Ange, si seulement tu pouvais faire quelque chose pour nous. Ce jour-là, il supportait son habituelle brochette de pigeons et de touristes, et ne mettait pas en fuite mes fantômes. Le garçon ne viendrait pas.

Le serviteur de Dieu avait sans doute mieux à faire avec le producteur. Peut-être avait-il menti ou oublié ? Peut-être était-ce le message même de l'envoyé ? Une rencontre ouvre le temps comme Yahvé la mer, on s'avance entre les vagues fendues, en admirant les délicatesses d'une intimité ; puis chacun parvenu sur sa rive, les flots engloutissent l'espoir que la magie fasse longtemps effet. Il me restait le souvenir de cette fougue et de cette tendresse du matin.

J'ai salué l'Ange et je suis parti. À un clochard qui souriait au soleil, j'ai donné un billet. Pour remercier ce garçon qui s'était fait passeur sans le savoir.

Cette aumône, j'aurais voulu qu'elle m'absolve aussi. J'avais honte soudain. Je n'avais même pas prévenu Benjamin de mon escapade.

J'ai marché jusqu'aux pontons de Chelsea où nous avions l'habitude de nous donner rendez-vous Benjamin et moi.

Comme toutes les jetées de la Terre, celles qui enserrent Manhattan d'une jante de béton et de bois sont propices aux rêveries. Ça n'est certes plus l'époque où le jeune Redburn cherchait une place de matelot pour sa première traversée, où le vieux Melville gagnait sa vie comme inspecteur des douanes. Il n'y a plus cette forêt de mâtures ni l'impatience pour attraper les passants dans des rêves hauturiers. Les quais ont plutôt un air désavoué. À part quelques yachts et des hangars désaffectés, les grandes envolées n'ont pour prendre leur élan que des pilotis rognés et des pontons fleuris de pneus, où s'emmêlent des oiseaux de mer, gardiens des départs comme autrefois.

Dans le fouillis des mouettes, des sternes, des

goélands; dans ces brouillons d'ascensions et de piqués, de rixes à coups de bec et d'ailes, de serpentins invisibles, de fientes et de coquillages écrasés; dans ces entrelacs sur fond d'immeubles se décalque la logique d'une nature prête à recoloniser la planète des hommes.

Quelques espèces, des pétrels et des cormorans, entraînent en pensée vers l'amont. Longeant la rivière puis Riverside Park vers le nord, après avoir dépassé les Cloîtres et en contrebas du pont Henry-Hudson qui relie Manhattan au Bronx, on découvre un point de vue, le plus puissant embarcadère pour l'imagination que je connaisse dans cette ville.

De la rive tapotée par l'Hudson surgit une masse de roches qui laisse entrevoir les assises profondes de la cité. On prend conscience que Manhattan repose sur un géant à demi enfoui, dont le poitrail émerge là comme la poupe d'un paquebot olympien.

La ville paraît contingente sur ce corps titanesque : elle n'est plus qu'une ménagerie de jeunes premières qui se trémoussent sur les planches et s'essaient à leur rôle, sans parvenir à émouvoir le directeur du théâtre. Car j'étais devenu un directeur de théâtre exigeant et blasé, et je m'impatientais : je voulais voir s'enfler cette présence antérieure à l'homme, je voulais sentir les flux de cette force cosmique jugulée.

Les visions s'attrapent par les coins. Il suffit de tirer doucement dessus pour les démêler de la bobine des rêveries, comme on dévide la poésie de la quenouille des mots. Alors un morceau de rocher ou le *dripping* des oiseaux de mer font complices de l'univers entier.

Les dernières fois que nous étions venus sur la rive de Chelsea, Benjamin s'était assis devant le coucher du soleil. J'étais allé flâner. Nous ne communions pas plus dans le spectacle des paysages que pour le reste. Son silence m'empêchait de donner leur ampleur à mes visions. Leur chant m'appelait. Benjamin était une amarre que j'aspirais à rompre.

L'appel du voyage ne venait pas d'une banale envie de partir, mais d'un besoin d'exotisme radical. Oui, peut-être étais-je vraiment pressé de mourir ? Rien ne m'avait été donné à vivre d'aussi intense que cette maladie. Peut-être que je souffrais du mal de certains mystiques et que je mourais de ne pas mourir ?

Quand je suis rentré à la maison plus tard, Benjamin ne m'a pas posé de question, il a seulement dit :

— Il vaudrait mieux que tu partes.

Je suis parti le lendemain pour le Nouveau-Mexique.

Non loin d'Albuquerque, les monts de Sandia surveillent la vallée du Rio Grande. Ils dressent un corps sauvage dont les membres se posent au bord des pistes d'atterrissage. Des bosquets de genévriers mouchettent le pelage de roches ocre-rose du gros félin.

Tout de suite, la montagne m'a pris en sympathie. Les mille yeux de l'animal ont fait leur œillade de bienvenue : il était le cousin éloigné de ses complices new-yorkais, oiseaux et titan de roche, tous membres d'un gang obscurément puissant et discret, en vertu de la loi du silence qui régit cette vaste mafia au-delà des hommes. Le félin aux aguets m'observait rôder et chercher *l'éternel,* et jouait sur moi de son relief — je comprendrais bientôt son manège — pour me rappeler que la Grande Terre, cette imperturbable Fumeuse d'herbe qui communique avec nous par les dénivelées de l'âme, arase parfois la souffrance.

Albuquerque est au centre d'une rosace de routes qui rayonnent dans le sud-ouest des États-Unis, vers les dunes de gypse du désert blanc, vers les horizons arides du Chihuahua et vers le Sud légendaire. La devise de l'État du Nouveau-

Mexique est un avertissement ambigu : *land of enchantment*, contrée de l'enchantement ; c'est le pays des tables rases, des pueblos miséreux et des introuvables Cités d'or, des mystiques hippies et des essais nucléaires.

Au cœur de cette rose, j'ai eu très brièvement le sentiment océanique d'être vraiment un Homme Nouveau, qui se redressait comme un des ressuscités de la vision d'Ézéchiel. J'étais heureux, si heureux d'être au point d'accomplir tant de promesses tacites.

Pendant le trajet en avion, long parce qu'à Atlanta un violent orage avait retardé la correspondance, j'avais reconstitué, avec les guides et des livres, les dessins des exodes, à rebours vers le nord. L'Histoire est exercice de méditation, n'est-ce pas ? On peut avec elle élaborer des mandalas de rêveries et fendre un présent trop obtus. En suivant les peuples indiens, on recule de détours en impasses, de guerres en épidémies, vers les migrations qui empruntèrent le détroit de Béring, croit-on. Des colonies d'hommes venus d'Asie ont franchi le pas nécessaire de l'aventure et entrepris un de ces voyages sans retour qui fascinent tant qu'on les enfouit dans des mythes.

Il est des lieux, c'est-à-dire des moments, propices au déploiement des voilures de l'Histoire.

Les espaces qui suscitent de telles visions sont sacrés.

Je ne comptais pas rester à Albuquerque. On n'y faisait qu'atterrir, m'avait-on dit, il fallait continuer vers le nord et les Rocheuses ou vers les déserts de l'Ouest. J'avais prévu de dérouler les routes du Nouveau-Mexique et des États contigus dans un périple en spirales. Pour un observateur qui m'aurait regardé du ciel, mon voyage dessinait sur les cartes une figure énigmatique comme celles de Nazca. J'aimais cette idée.

Finalement, ce ne serait pas selon les spirales d'un colimaçon que je parcourrais la région, mais depuis cette ville où je resterais attaché comme la boule d'un bilboquet. Non parce qu'Albuquerque m'avait plu mais parce que j'y revenais voir un garçon dont j'avais fait connaissance le soir de mon arrivée.

J'étais une baudruche de rêves, il suffisait d'un inconnu pour la lester.

Victor parlait beaucoup, questionnait beaucoup aussi ; et après avoir essayé de me vendre un bonnet en laine du Pérou dans le centre commercial où il tenait un stand pour l'été, il m'avait fait comprendre qu'il aimait les hommes mûrs. Les images paternelles, précisait-il. Mon âge ? C'était celui de son père. Ça m'avait fichu un coup, puis j'avais presque oublié.

Il m'avait entraîné dans l'appartement qu'il partageait avec deux colocataires absents ce soir-là. Les autres fois on se rejoindrait à mon hôtel quand je revenais à Albuquerque pour le voir ; il restait prudent, on ne savait pas pour lui.

Le sourire ouvert sur de jolies dents de la chance, plutôt râblé, les cheveux bouclés, très bruns, il prenait des postures de taurillon.

Il m'avait demandé la première fois de détourner le regard pendant qu'il se déshabillait et s'était allongé en se couvrant. J'avais rabattu le drap, suffoqué par cette robustesse qui émanait de lui. Une mèche de ses cheveux faseyait dans le souffle du ventilateur. Il fermait les yeux. Longuement, j'avais caressé les petits bourrelets qui lui arrondissaient les hanches et, des mollets aux fesses, des épaules au ventre, j'avais creusé à pleines mains pour sentir l'épaisseur du calme assuré de ce jeune corps, pour sentir la douceur de son inconscience d'être ; je m'enfouissais en lui par mes paumes. Il ne couinait pas ni ne râlait, mais les frissons faisaient onduler les masses de ses membres.

J'étais un sourcier qui croit perdu son pouvoir et déploie ses doigts pour appeler encore le fluide des eaux souterraines, pour reconnaître les circonvolutions de réseaux cachés, pour goûter la fraîcheur de la vie et prévoir les bouches où elle va sourdre.

En me réveillant le lendemain, je me suis souvenu que j'étais sur l'un des nombrils du Monde.

La chambre était en désordre. Nos vêtements s'étalaient par terre. Dans la soirée, on avait mangé une pizza dont l'emballage traînait sur une chaise et bu une bouteille de vin, vide à côté d'un cactus en pot sur le rebord de la fenêtre. Les bras ouverts du Christ Rédempteur sur l'affiche de Rio de Janeiro accrochée devant le lit nous accueillaient.

On avait continué de se câliner et de flemmarder toute la matinée. Il ne devait tenir son stand que les après-midi. J'écoutais l'inventaire de ses vagabondages, de ses aventures. Il avait un vrai don de conteur et l'aplomb vantard des timides. Dans une ville comme El Paso où il avait grandi et où mieux vaut jouer discret sur ce plan, il pouvait se targuer d'avoir une expérience exceptionnelle pour un Américain de son âge et d'avoir vu de très près cette fange que dissimulent certains pères de famille. C'est lui qui le disait.

Quant à moi? Je n'avais pas envie de raconter par le menu mon histoire sexuelle. Il avait voulu savoir si j'avais un copain. J'avais répondu de la tête.

— Je vois, pas très fidèle. Comme les Français en général, avait-il dit d'un air malin et réprobateur.

Je n'avais pas envie non plus d'un petit discours moralisateur, même pour mettre du piment dans nos ébats. Peut-être que je manquais d'humour. Un peu agacé, je lui avais expliqué avec quoi j'étais aux prises et ce qu'étaient ces cicatrices qui l'avaient intrigué dans la nuit.

— Je plains ton copain, avait-il tranché.

Il avait voulu pourtant des détails sur la maladie et s'était mis à parler de sa mère qui avait eu un cancer du sein deux ans plus tôt et s'en était sortie. Il trouvait mon histoire fabuleuse : un médecin malade, quel sujet pour un livre !

Victor réagissait comme souvent mes amants : sa curiosité, insouciante et intéressée à la fois, montrait à quel point il ne connaissait pas la peur dont je ne disais rien. Cette ignorance, qui me peinait ou m'indignait chez d'autres, le rendait encore plus séduisant, douloureusement séduisant. Taurillon agile, il se préparait à l'assaut des fortins du pays. Il avait cette audace qui se nourrit de craintes refoulées et d'entailles mal cicatrisées.

Victor m'écoutait avec un air de funambule ou de guerrier, mais, tout en défiant l'univers, parlait sans arrêt de ses parents. Grâce à une bourse, il commençait d'étudier à l'Université du Nouveau-Mexique et comptait bien intégrer Harvard ou Yale de préférence. Lui, fils d'émigrés et descendant d'Indiens, il allait devenir dramaturge. Dans ce pays, être né moitié indien moitié mexicain, même si on est citoyen américain, ne laisse pas grand-chose en partage ; si on n'est pas ailé comme un aigle et résistant comme un taureau, si on n'est pas une sorte de chimère consacrée qui frémit de témérité, on a peu de chance. Il ne doutait ni de son énergie ni de sa bonne étoile.

Il m'écoutait de là-haut, engagé dans sa joute avec l'avenir, là où la mort n'existe pas. Il plaisantait et relativisait les plus intimes de mes pensées, et s'étonnait des fariboles et des exploits que je lui racontais de mon travail aux urgences, par exemple, comme un enfant qui s'émerveillerait devant ses oisillons d'argile, mais tuerait au lance-pierre les oiseaux dans les arbres.

Les autres nuits, je remarquais qu'il aimait surtout m'observer, plus curieux de la manière dont je tirais plaisir de lui que de jouir. Privilège du plaisir particulier que la jeunesse prend d'elle-même et qui m'affolait. L'écart entre nous, d'âge et d'attente, me ramenait à ce quelque chose qui s'était absenté depuis que j'essayais de revenir. Au début, j'avais cru prendre un bain de jouvence, mais c'est l'impression d'être vieux, très vieux, qui dominait chaque fois que je le revoyais.

À force de considérer abstraitement l'univers, on devient un géant un peu creux. Victor avait les idées claires. Devant sa détermination et ses ambitions, je me sentais maladivement rigidifié par le sang des rêveries. J'étais cet homme de bronze que Jason blesse à la cheville, je perdais mon principe vital sans pouvoir le retenir.

Je m'affrontais à Victor, plutôt que je ne l'étreignais ; je me dépensais comme si, pour célébrer la vie par son corps, je devais être prodigue de la mienne, comme si, pour retrouver la force de croire en l'avenir, je devais me disperser par un potlatch désespéré. Il se taisait devant mon ardeur, visiblement inhabituelle pour lui.

Une fois seulement, il avait dit :

— Quelle énergie tu as !

L'énergie ? Je m'en dépouillais, je m'exposais au danger, oui je me pressais de mourir. Et comme s'il avait deviné ma pensée, il avait ajouté en souriant :

— Attention quand même, ne me meurs pas entre les bras !

Je parcourais la région en voiture sans m'attarder dans les villes, qui toutes me décevaient.

Santa Fe n'est plus le carrefour mythique de la Nouvelle Espagne et des pérégrinations du célèbre archevêque auvergnat, fondateur du diocèse. Santa Fe n'est qu'un Saint-Tropez du désert. Taos, station de vacances d'été et de ski, déçoit plus encore. Plus loin sur le plateau que cernent les monts du Sangre de Cristo, on est arrêté par l'étroite gorge du Rio Grande. À cet endroit le fleuve, qui fend le plateau volcanique et coule trois cents mètres plus bas, s'ouvre sur un plus lointain pays; de barrages en courses libres vers le sud, il traverse le désert sans l'adoucir, devient frontière étanche entre le Texas et le Mexique, et va se perdre en changeant de nom, comme l'âme des morts qui atteignent enfin l'au-delà, dans les estuaires de l'héroïque Matamoros et le golfe du Mexique.

Un peu partout dans la région survivent les clichés colportés par les westerns, les guides et les mirages. On les oublie un peu en remontant vers des comtés aux assonances sacrées, Rio Arriba, San Juan, Montezuma, vers cet autre pays en soi où conduit l'escalier des noms. La route est malmenée par les coudes noirs des pinèdes et les cornes des bucranes blanchis, par des vasques de couleur pure qui la noient de cinabre et d'orpiment; ou hésitante et poussiéreuse, elle serre son lacet autour de rocs bizarres, longe des sanctuaires anciens et des surplombs hostiles.

Je ne comprenais pas pourquoi j'éprouvais un plaisir si serein et si triste à errer sur ces routes bordées de noms de tribus indiennes presque disparues, de hameaux moribonds et de cultes endormis. Je ne comprenais pas que j'étais accueilli par la seule richesse qui restait : des espaces vidés, comme sur mon lit d'hôpital je l'avais été de mes rêveries, où les mots en cendres attendaient la parole.

Entre deux sauts à Albuquerque pour retrouver Victor, je passais des heures solitaires au bord de vallées rocailleuses, ponctuées de genévriers, près de ruisseaux à sec ou assis derrière le motel d'un soir à observer les parades de chiens de prairie ou la prudence de lapins sauvages qui sautillaient d'un buisson à l'autre, à suivre aussi les zigzags de petits lézards rayés, beige et turquoise, qui me rappelaient ceux que je chassais enfant.

Dès que j'étais seul, me pressait un besoin de simplicité et d'embrassades ardentes, qui n'avaient où se satisfaire. J'aimais l'humanité et l'univers dans leur multitude et j'aurais voulu connaître tous les temps de l'Histoire des hommes, toutes leurs cultures et toutes leurs langues, j'aurais voulu disparaître à force de Connaissance, comme le voyageur de Wells avec sa machine dans le Temps.

Partout où j'allais, je guettais le clin d'œil complice de la nature, comme celui que m'avait fait le gros félin des monts de Sandia à mon arrivée. Le gang se méfiait : sauf ces quelques lézards, je ne repérais plus aucun signe de la conspiration.

Il faudrait que l'inquiétude s'apaise pour que les mille yeux du félin rentrent en moi et me fassent voir et aimer, sans aspirer à me perdre.

Pour l'heure, j'étais en train de vivre le mal de la seconde naissance, quand on ne cesse de regarder derrière soi, fasciné par la lumière qui nous a fait naître et par ce lieu en elle d'où on croit recevoir vérité et éblouissement.

C'était la tentation du désert : je regrettais ce qu'on ressent au bout du dénuement, au plus loin de la fatigue quand on est engagé contre son gré dans l'aventure, quand on est dépouillé par elle et qu'on doit s'abandonner sous peine de périr. Il m'arrivait de penser que je devais revivre cet extrême de mon épuisement, sans me préoccuper si je pourrais en revenir. Je regrettais ce lieu inaccessible où la naissance et la mort se touchent en faisant incroyablement jouir.

J'avais essayé d'expliquer ça une fois à Victor. Il

trouvait que, malgré ce que j'avais vécu, j'avais gardé une vision bien romantique de la mort :

— Si tu vas trop loin, tu crèves, c'est tout. Chaque année, il y a des dingues qui meurent sans le vouloir dans le désert. Et au désert ou ailleurs, personne n'en a envie, non?

Un jour, peu avant mon départ, sur une route qui filait vers l'Arizona, je me suis arrêté près d'une réserve Navajo où Victor m'avait dit qu'on trouvait des pétroglyphes — ces dessins préhistoriques, nombreux dans la région — qui n'étaient pas répertoriés dans les guides et représentaient des compositions géométriques assez inhabituelles.

J'ai laissé la voiture au bas d'une petite colline et grimpé vers le plateau de rocailles, évitant les touffes de sauge où, m'avait-il prévenu, les serpents se reposent et faisant des détours pour voir de près les rares fleurs jaunes et mauves qui n'étaient pas grillées. À l'horizon, seulement des montagnes, des corbeaux et des oiseaux de proie qui tournoyaient. Par terre, quelques silex grossièrement taillés et de petites géodes closes. C'était la fin de la journée, il faisait très chaud.

Zébrant le silence, une moto est passée non loin. Je me suis senti soudain absolument étranger à ce paysage, un banal touriste ébahi devant l'occlusion d'une beauté, où la conscience humaine est comme une étoile filante qui traverse le ciel en plein jour. J'étais un citadin en costume de citadin, je me posais sur le désert comme une plume tombée du ciel et, comme une plume, j'avais failli m'engluer dans l'asphalte fondant de la chaussée.

Pour devenir un être cosmique, il fallait errer, ramper, avoir soif, que les yeux brûlent, que la sueur irrite le visage ; il fallait chercher de l'ombre, craindre la solitude et regretter de toutes ses forces d'être là ; il fallait voir l'horreur du désert et s'y savoir prisonnier ; et puis il fallait avoir la chance de s'en tirer.

Je n'étais même pas vraiment sensible à la majesté de ces étendues, comme je le serais trois ou quatre ans plus tard lorsque je reviendrais dans la région avec Benjamin.

Sur le plateau, en photographiant les pétroglyphes, que j'avais trouvés après avoir longtemps zigzagué entre les rochers, je me souviens avoir été envahi par une crainte jamais éprouvée.

Rechercher ce qui s'était montré une fois ne pouvait qu'être sacrilège — une imposture. Je ne devais rien désirer. Ni survivre, ni mourir, ni voir.

Le voyage commence lorsqu'on ne choisit plus. Mon désert, c'était un lit d'hôpital.

III

Le cancérologue avait prévu un bilan radiologique en septembre. Six mois s'étaient écoulés
depuis la fin des traitements et je pensais reprendre
bientôt mon travail aux urgences.

J'étais rentré à Paris sans revoir Benjamin. La
rose des routes du Nouveau-Mexique ne m'avait
pas donné de direction nouvelle à suivre. Victor ne
m'avait pas ramené vers un port tranquille. L'avenir
n'était qu'un bouquet fané de mariée.

Peu après mon retour, j'ai terminé le récit auquel
j'avais travaillé par intermittence pendant l'été. Je
faisais comme tant d'autres voyageurs nostalgiques
de leur enfer ; mais comme je l'ai dit, je m'étais mis
à écrire avant tout pour répondre à un livre lu
quelques mois plus tôt.

En 1977 paraissait en Allemagne un récit de
Fritz Zorn, jeune inconnu qui venait de mourir

d'un cancer. Essai autobiographique, *Mars* illustre le vieux débat sur l'étiopathie psychologique des cancers.

Élevé sur la rive dorée du lac de Zurich dans un milieu capitonné, Fritz Zorn a jusqu'à la trentaine la vie grise et solitaire d'un enseignant sans passion. Au milieu des années 70, on lui découvre un ganglion malin. En même temps que des traitements médicaux, il commence une psychanalyse.

Lors des séances de chimiothérapie, on entendait souvent dire : que voulez-vous, ce cancer, c'est à cause de tout ce malheur qu'on a enduré et gardé pour soi. C'était l'explication la plus spontanée, quand une maladie grave sert de conclusion à une vie ravinée par les frustrations, les épreuves ou les deuils.

Lorsqu'on se découvre cancéreux, il faut bien tenter d'éteindre l'incendie qu'allument des pourquoi sans réponse. Si on trouve des causes avérées : cigarette, alcool, excès en tous genres, génétique, on peut se morfondre en culpabilité, en regrets ou tempêter contre le destin ; mais si on n'a ni débauches, ni hérédité à invoquer, ni quelque autre cause, si on s'entend dire qu'il n'y a pas de cause connue, et si même l'âge ne peut donner une vague explication, on s'expose au vain martèlement des pourquoi.

La logique de Zorn, inscrite dans la lignée des partisans de l'origine psychosomatique des cancers, est simple : le cancer dont je suis atteint, écrit-il, s'est formé de larmes ravalées, à force d'avoir contenu trop de conflits et de hargne contre mes parents, contre mon milieu, à force d'avoir souffert d'une inhibition sexuelle invalidante et d'avoir laissé s'éteindre en moi le désir, la vie elle-même.

Aussi songe-t-il qu'il ne pourra guérir qu'en décortiquant son éducation, en analysant son milieu et en retournant contre eux cette violence rentrée pour échapper à l'intériorisation de leur emprise mortifère. Mon cancer, écrit-il encore, n'est que la conséquence de cet état de mort dans lequel mon éducation m'a maintenu, et si j'en crève, on pourra dire que j'aurai été éduqué à mort : c'est à cet élevage bourgeois que je dois mettre le feu si je veux guérir.

Attitude apaisante pour la solution qu'elle offre, si elle n'était pas sous le coup d'une irrémissible condamnation à mort : dans le cas de Zorn, la maladie progresse sans répit et la lucidité qu'il porte sur son état finit par ajouter à sa tourmente ; il a beau discerner, du moins l'affirme-t-il, la cause du Mal dont il souffre, chaque cellule en lui s'est empoisonnée de larmes.

Rédigé la dernière année de sa vie, *Mars* porte la marque d'un scandale insurmontable, d'une colère terrifiante : Zorn s'y déclare en état de guerre totale, et ainsi qu'il avait dû s'appliquer à ne pas dérailler de l'éducation qui l'avait étouffé, il porte méticuleusement le brûlot partout où sa maison flambe déjà. Il se presse de se détruire et, d'avoir été un garçon trop longtemps paisible, incendie la paix avec la vie.

Comme Balthazar Claës, l'alchimiste du roman de Balzac, le modéré, retenu et économe Fritz Zorn devient un dérobeur de feu, un terroriste métaphysique. Il se dévore dans la quête du principe morbide du cancer, de son remède par des puissances inconscientes, comme le héros de Balzac à la recherche de l'absolu se ruine et meurt convaincu d'être au bord de découvrir le secret de l'univers. Quête d'une explication et d'une guérison, où débordent la douleur et le désespoir.

Ce livre m'avait ébranlé. Et qui ne l'est pas devant la tragédie d'un homme qui découvre au moment de mourir qu'il n'a pas vécu? Chaque malade, surtout s'il est jeune, vit ce cauchemar à des degrés variables.

Dans ce cas particulier, l'identification était inévitable : même si nous n'étions pas issus d'un milieu social semblable, Zorn avait presque mon âge et était atteint d'un lymphome comme moi.

Pour ce qui me concernait, les médecins avaient été plutôt optimistes, les thérapeutiques avaient fait des progrès considérables depuis trente ans. On en guérissait, affirmaient-ils. L'incertitude restait cependant, et entier le mystère du pourquoi. Autour de moi, quelques personnes se lançaient parfois dans des conseils et exhortations volontaristes — des « bats-toi » pénibles à entendre, parce qu'on sent, malade, comme la volonté consciente est impuissante à mobiliser cet élan vital qui ne sauve pas toujours — ou dans des interprétations sauvages. À les écouter, en plus de suivre la chimiothérapie, je devais absolument m'interroger : pourquoi m'étais-je collé ce fichu cancer ? Question qui engendrait un essaim de rancœurs que je croyais guéries et de souvenirs torturants.

Les rapports avec ma famille n'avaient pas été simples. Vivre sereinement, banalement même, ma sexualité dans une relation amoureuse n'avait pas été sans de longs conflits. Je n'avais pas besoin d'indélicats pour me rappeler que j'avais rentré en moi bien des larmes, certaines dont je n'avais pas conscience et qui me dévoraient peut-être. Oui, peut-être mon corps détruisait-il ma vie, parce qu'au fond quelque chose, quelqu'un, une force, n'avait pour seul moyen de s'extérioriser que de me tuer ? Peut-être cette maladie n'était-elle qu'une échappée inconsciente contre laquelle je ne pouvais rien ?

Si je me laissais aller à ces pensées, je descendais tout de suite dans un recoin de l'enfer plus épouvantable que celui où j'étais déjà. Lorsque je commençais de glisser vers ce cercle-là, je me retenais de toutes mes forces et essayais de me maintenir dans un non-savoir, ou disons dans un dénuement obstiné de l'esprit, dans une non-volonté de comprendre. Il me fallait pour être en paix me réfugier dans une pauvreté intérieure, où on ne peut qu'admettre son impuissance et sa vulnérabilité, sans complaisance. Attitude de résistance passive plus que renoncement.

Je suivais l'exemple de Primo Levi. Plus tard, lorsque je serais en rémission, lorsque je pourrais écrire, je chercherais plus froidement à analyser ce que j'avais traversé, mais au cours du voyage, je me répétais l'avertissement qu'un cynique lui avait soufflé au visage à son entrée au *Lager* : *hier ist kein warum*. Ici, il n'y a pas de pourquoi.

Cette phrase, prononcée dans un univers régi par une hostilité que je n'avais évidemment jamais subie, résumait une des attitudes possibles de survie face au Mal, et je la faisais mienne.

Contempler le non-sens me permettait de survivre spirituellement à ce qu'en moi je sentais à l'affût. L'analyse ou la colère, comme celles de Zorn, me paralysaient et me conduisaient au naufrage.

Une œuvre de Turner illustre ce qui se jouait, lorsque je me débattais encore avec la maladie. Je l'avais revue au Yale Center of British Art à New Haven cet été-là justement, un jour que j'avais faussé compagnie aux amis.

Cette toile, qui préfigure les marines de la dernière période de Turner, est connue sous le titre de : *Wreckers — Coast of Northumberland, with a Steamboat Assisting a Ship off Shore*. Affairés au bord d'une mer démontée, des *wreckers*, ou naufrageurs, attendent l'échouage d'un navire qui dérive au large à sec de toile. Brigands organisés en gangs pour piller les épaves et les naufragés, les *wreckers* n'hésitaient pas à allumer des lanternes sur des rivages dangereux ou à lancer des fusées, lorsque survenait une tempête, pour tromper les bateaux vers les récifs.

Sur la toile de Turner, plus assuré dans la tempête, un navire à vapeur prête assistance au voilier en détresse. Le peintre laisse indécise l'issue de ce drame. La mer et les intempéries décideront.

Les deux auteurs que je viens d'évoquer ont joué un rôle presque aussi manichéen au cours de mon périple de malade. Primo Levi, le steamer moraliste, guidait et aidait à revenir vers l'humanité, il apaisait la tempête intérieure et m'évitait le naufrage spirituel. Le désespoir de Fritz Zorn m'isolait et me rabattait dans mon destin, il me précipitait dans le puits d'un solipsisme infranchissable et m'y faisait me fracasser contre l'absurdité du Mal. Le livre de Zorn m'empêchait de trouver de l'apaisement, malgré tout, dans ce que j'avais vu, il occultait l'ivresse du face-à-face avec l'inconnaissable.

Je ne pouvais rien dompter de la sauvagerie de ce destin, de ces sursauts que personne ne savait prévoir ; mais cette nébuleuse que j'avais dans le ventre m'avait amené dans un espace psychique clarifié : là où la conscience se déploie sans crainte dans le constat de sa propre impuissance.

Cet espace-là m'avait sauvé plus d'une fois de la panique. J'entendais le célébrer en écrivant.

Peu après avoir achevé mon récit, il y eut un coup de théâtre.

Le scanner de contrôle avait décelé une anomalie, on avait prescrit immédiatement une sorte de scintigraphie plus précise que le scanner. Le radiologue confirmait l'existence d'une zone suspecte. L'interprétation était ambiguë, mais on pouvait fortement craindre une récidive, avait-il dit en désignant sur le cliché un amas de taches confluentes qui prenaient l'aspect d'un trou noir. Pour en avoir la certitude, il allait falloir attendre quelques semaines et pratiquer un autre scanner pour suivre l'évolution de cette lésion.

L'image qu'il m'avait montrée représentait un homoncule parsemé de points sombres et ressemblait à un patron de couture piqueté de trous d'aiguille. J'étais cette figurine percée et, pionnier involontaire, embarqué dans une sonde, je venais d'être expédié une fois encore aux confins du cosmos connu.

La maladie redevenait meurtrière. L'usage que j'avais essayé de faire de ce cancer me semblait un pitoyable mensonge et le voyage intérieur, la quête et le récit en quoi je l'avais transformé une aveuglante féerie.

De nouveau béait ce trou en moi, mais il n'en sortait ni seconde naissance, ni lumière, ni salut, seulement une frayeur qui ne se laissait pas sublimer : la certitude indépassable que j'étais foutu.

Je venais de pénétrer dans un cercle qui ne ressemblait à aucun de ceux que j'avais traversés. Commençait la plus difficile étape de ce voyage.

Quand je suis sorti de l'hôpital, j'ai été entraîné sur un trottoir en pente. J'étais un tas de sable sous le vent, une silhouette qui se désintégrait et à quoi mon esprit n'arrivait plus à imposer une forme stable.

Ce soir-là, après avoir passé beaucoup de temps à traîner dans des bars, je me suis retrouvé chez un inconnu. J'avais tellement peur d'être seul pour finir la nuit.

Devant chez lui, il m'avait prévenu :

— N'aie pas peur de mon locataire.

Il avait poussé sa porte, le parquet avait tremblé et un squelette dans le vestibule avait pointé vers moi son bras articulé. Un dispositif de farces et attrapes orchestrait cette mise en scène.

— Le souffle de la mort est sur toi, avait déclamé le garçon en me tirant à lui pour m'embrasser.

Normand par sa mère, avait-il dit en chemin, et de ce côté, sorcier de génération en génération. Dans le village familial, aujourd'hui encore, son très vieux grand-père était craint. D'après ce qu'une voyante avait affirmé, lui aussi avait du pouvoir, même si son fluide sortait autrement qu'en jetant des sorts : il était devenu sculpteur.

En nous déshabillant, il avait glissé lentement son doigt sur la cicatrice de mon ventre mais n'avait pas posé de questions. Plus tard, à un instant crucial, il y avait plongé les doigts, comme pour m'ouvrir les entrailles, en s'extasiant :

— J'adore, j'adore, ça m'excite.

Loin de me donner de l'énergie, il m'en avait volé.

En sortant de chez lui, le lendemain matin, j'ai été submergé par la panique. Je me sentais pris. Il faisait beau. Tout était en pluie.

J'ai prévenu Benjamin des mauvais résultats du bilan, il proposait de revenir à Paris. À quoi bon ? Benjamin ne pouvait plus m'aider.

Les paroles de Fritz Zorn me revenaient. Peut-être avait-il raison ? Est-ce que la maladie ne me délivrait pas au fond ? Tout au long de cet été, n'avais-je pas appelé à ma propre mort ? Je me reprenais. N'étais-je pas fou d'avoir cru faire de l'absurdité, celle qui fait mourir, une illusoire initiation ? Tu as voulu me modeler, disait le mauvais œil, et m'amadouer avec un air de pas y toucher. Tu te croyais débarrassé de moi ? Tu m'avais toujours à tes basques, et tu le savais.

Pour ne plus l'entendre, j'ai pris des calmants et je me suis enfoncé dans mon lit.

Après le choc de cette nouvelle, je cherchais de l'aide auprès de mes amis. J'essayais de lire la vérité dans leurs yeux. Les uns me condamnaient, les autres me sauvaient. Aveuglé sur soi, on aimerait croire que les gens en bonne santé, les proches surtout, sont des visionnaires. On leur demanderait presque de vous tirer les cartes. Bien sûr aucun ne m'aurait dit : tu es foutu ! Mais je le devinais dans le regard de certains. Il faut se sentir en paix pour être convaincu que les autres ne savent rien de plus que soi, et qu'ils sont dans la même nuit.

Je n'arrivais plus à être seul et je ne supportais pas la compagnie, même celle des inconnus. Il suffisait qu'on me demande ce que je faisais dans la vie pour que je me souvienne tout d'un bloc que je ne faisais plus rien, que je ne soignais plus personne, que j'avais perdu Benjamin et que j'allais mourir puisque j'étais cette poupée vulnérable, à la merci de n'importe quel sorcier de pacotille.

L'angoisse était descendue dans les rues ; elle se lisait et s'entendait partout : sur les visages éventés, dans le tourbillon des poubelles et des feuilles, dans les cris de mouettes, par la gueule des sacs plastiques.

Je connaissais cette fois la frayeur devant un cancer qui s'emballe. C'était le néant à jamais affolé.

Zorn et moi, et tous les condamnés qui font face, souffrions du même mal : il est impossible de soutenir la vision, même de biais, de ce qui brûle radicalement. Devant l'insoutenable, l'émotion et la raison font osciller l'esprit entre la tentative d'une vision franche et l'atténuation de cette vision par la pensée ou par une poétique, par quelque rhétorique. Écran de métaphore, écran de lucidité, écran de logique : face au terrible, il est inévitable que s'opacifie la bulle où l'on croit se maintenir dans une vision pure, comme les amants du *Jardin des Délices*.

Mon médecin m'avait rappelé qu'un traitement pouvait être envisagé en cas de récidive, certes très pénible et aléatoirement efficace, mais qui me serait proposé, étant donné mon âge. Je suis incapable de savoir comment j'aurais réagi s'il m'avait dit qu'il n'était pas de recours possible.

Il faudrait donc recommencer.

Pour me préparer, j'étais allé vers mon ami Primo Levi, mais la voix de Primo Levi ne me réconfortait plus. J'entendais seulement le désespoir de ce qu'il avait vu et de tout ce qu'il n'avait pas vu, l'intransigeance de sa lucidité sur l'homme.

Ce cercle de l'enfer où j'étais plongé déployait un désert d'indécision sans aucune poésie. Plus de rêveries, plus d'amis, plus de livres. J'étais un yoyo infiniment descendant et aucun rappel ne freinait le dévidement désaxé de ma pensée, sauf un sommeil embourbé par les anxiolytiques et les somnifères. J'aurais donné n'importe quoi, surtout la nuit quand je me réveillais après un cauchemar, pour qu'on me délivre par enchantement.

Les coups de théâtre attirent parfois un *deus ex machina* à leur suite : dans mon drame personnel, il avait une allure dégingandée, portait des godillots de militaire et se serrait dans une veste de jean.

Ça me semble, à l'écrire, comme un rebondissement de roman de gare. C'est justement dans une gare qu'eut lieu notre rencontre inespérée.

L'automne s'annonçait, il faisait même froid sur le quai de RER où j'étais descendu en même temps que lui. Nous nous étions longtemps regardés dans le wagon. Son visage portait la trace de quelque chose qu'on voit rarement au jour, la tendre dureté des garçons qui ont peu et plein d'illusions. Le voir sourire en écoutant une petite fille, qui avait dit un bon mot à sa mère, m'avait décidé de l'aborder. Il s'appelait Samy et devait malheureusement filer à son travail.

Le soir, on s'était retrouvés dans un café près de la gare du Nord. Sa main tremblait si fort qu'il s'accrochait à sa cuillère en la plantant et en la remuant dans la tasse; son poignet même tressaillait si irrépressiblement qu'il devait se le tenir pour l'immobiliser. Le froid n'était pas la cause de ce désordre.

Il vivait chez sa sœur, sa seule famille, aimait les chiens de traîneau et se passionnait pour le football. Il travaillait comme vendeur dans un magasin de sport, mais un entraîneur venait de le repérer dans un match de semi-professionnels; il devait bientôt jouer devant le directeur du club, contrat à la clef.

Assez vite, il avait eu l'air en confiance et m'avait raconté des anecdotes de son adolescence, la DDASS et les familles d'accueil. Après avoir étalé son pedigree, c'est le mot qu'il avait employé, il avait lancé : c'est ton tour.

Égrenant quelques détails sur moi, je m'étais mis à parler du grand événement qui avait chamboulé ma vie. C'était arrivé souvent au cours de l'été qui venait de s'écouler. Chaque fois avec un peu de fanfaronnade, je crois. Désormais, il n'y avait plus de victoire ni d'héroïsme.

— Tu es guéri maintenant? avait-il demandé.

— Pas exactement.

Il était devenu très attentif. J'avais dû préciser.

Plus tard, il a déposé son grand corps blanc sur le lit. De son caleçon imprimé de Mickeys sortaient de longues jambes charpentées et élégantes. Il m'a serré contre lui en m'embrassant les cheveux. J'étais un petit homme, rien qu'un petit homme qui allait mourir. Il m'a serré plus fort et enveloppé de tout son corps. Il grimpait à toute vitesse sur une drôle de montagne pour accomplir cet étrange pèlerinage qui fait s'éprendre de quelqu'un que le destin force à quitter. J'entendais son cœur battre clair et fort. Je ne sais combien de temps nous sommes restés ainsi. Jusqu'à ce que se produise l'inexplicable.

Il escaladait cette montagne en lui; brusquement, il s'est arrêté, s'est redressé et est devenu *prophète*.

— Non! Tu vas guérir, dit-il en se reculant, et tu voyageras encore plus qu'avant. Tu vas guérir!

Et bientôt, tu vas recommencer à aider les gens, beaucoup de gens… C'est pas moi qui te le dis, c'est pas moi! Je sais pas pourquoi mais tu dois me croire.

Je le sens me fixer, inquiet que je me moque.

— Je te crois, Samy.

Il répète, sa voix tremble :

— C'est pas moi qui te dis ça… Tu es guéri!

Il se rabat sur le dos. Ce qui vient de le traverser soudain l'a épuisé. Je n'ose plus le toucher.

Si sceptique que j'aie pu être alors, ses paroles me troublaient. Sa voix avait changé pendant ce court instant. Il semblait possédé par une conviction qui débordait le simple vœu de ma guérison, qui allait tellement au-delà de la compassion.

— Tu sais, a-t-il dit après quelques minutes, c'est pas la première fois que ça arrive. Quand mon meilleur copain a perdu sa mère l'an dernier, je l'ai vue planer au-dessus de lui. Elle faisait comprendre qu'il fallait pas être triste… Tu me crois pas, hein?

Il voulait de moi que je le croie sans réserve. Je le remerciai, un peu gêné.

— Me remercie pas, non. J'y suis pour rien. Je voudrais tellement que tu sois sûr.

— Je te crois, Samy, vraiment, ai-je dit.

Je me suis rapproché de lui. Après un moment,

on s'est blottis l'un contre l'autre et il s'est endormi. Je le regardais dans la pénombre. J'étais soulagé, j'ignorais ce qui allait m'arriver mais je n'avais plus peur.

Les prophètes n'existent que par l'écho qu'ils trouvent dans ceux qui les rencontrent. Ce petit prophète ne m'annonçait pas seulement que je n'avais rien à craindre, mais que *tout* ce que j'avais vécu était vrai.

Peut-être ai-je été simplement consolé que ce garçon qui me connaissait à peine se sente concerné par mon destin ? Peut-être aussi savais-je que, même si j'étais dans une attente angoissante, somme toute banale pour un cancéreux, je n'étais pas un cas désespéré ?

J'ai beau trouver des raisons à ce brusque apaisement, les paroles et le corps de Samy m'avaient transmis une certitude. Sa voix portait l'étrange déformation que provoque une *vérité* qui inspire. Cela même était bouleversant à entendre et à voir.

On se retrouvait tous les jours après son travail.

J'étais son premier amant. Enfin presque. Vieux d'expérience mais tendre loulou, il poussait des soupirs quand je caressais son visage, murmurait : « oui, oui », et gémissait dès que mes lèvres l'effleuraient. Il avait une manière sauvage de jouir, en longs spasmes couronnés par un sourire grave, tout en tenant son sexe comme une Vénus naissante. Tirant ensuite le drap sur nous, il lovait sa tête contre mon ventre. Lui aussi avait souffert de la vie.

Du prophète ou de l'amant en lui, je ne sais qui m'a ramené.

Ces quelques semaines d'été indien — il faisait si beau soudain à Paris — ont été notre lune de miel. Avec moi il apprenait l'amour, disait-il, et rallumant la lampe quand je l'éteignais, il lançait avec une effronterie enjouée : je veux nous voir. Il ne faisait pas l'amour avec moi, c'était plutôt une danse heurtée de grands coups : il ahanait, et c'était notre peur qu'il labourait, un mal qu'il exposait à l'air et dont il voulait extirper les racines ; sans doute aussi débridait-il pour les guérir certains secrets dont il ne disait rien. Bêcheur qui s'entête à exhumer un grigri caché, il s'appliquait à extraire de la nuit quelque chose dont ni lui ni moi n'avions idée. Il n'était pas question d'amour ou de désir : je le sentais investi par une exigence inouïe, il ne cherchait pas à prendre du plaisir mais à nous amener à une jouissance qui soit consolation — guérison peut-être.

Quelquefois mes inquiétudes revenaient, il le

devinait à cette lenteur obtuse qui m'envahissait dans ces moments-là. Alors il répétait, presque sentencieux :

— Rappelle-toi le dernier soir de l'été, rappelle-toi toujours.

C'était le soir de sa prophétie.

Il a finalement reçu la proposition qu'il espérait des responsables du club. On lui offrait un appartement, une voiture, un salaire et un téléphone portable ; il devrait vivre à Barcelone et être à disposition : dorénavant, le club serait sa famille. Des gars avec du potentiel comme lui, avait dit le directeur du club, il y en avait une dizaine qui attendaient à sa porte. On lui donnait deux jours pour se décider.

Depuis qu'il était gamin, Samy avait rêvé de ce qui lui arrivait : un contrat de professionnel ! C'était grâce à moi, affirmait-il, je lui avais porté chance.

— Tu viendras me voir, hein ? Surtout quand je t'inviterai pour une finale au Stade de France.

Il m'étreignait et m'embrassait les joues, le front, les mains. Il avait aussi dit :

— Si tu me le demandes, je laisse tout, je reste avec toi.

Ce n'était pas la première fois qu'il parlait de

vivre avec moi. C'était peut-être cruel, mais j'avais dû lui expliquer que je me sentais, malgré tout, profondément attaché à Benjamin. Cette fois encore, j'avais dit « non ». Il devait continuer sa vie sans moi. Nous serions forcément liés, nous aussi, à cause de sa prophétie.

Je savais que, même si j'avais pour ce garçon une très grande tendresse, je ne l'aimais pas assez pour abandonner l'idée de retrouver Benjamin. Il me restait à faire une partie du chemin. En m'apaisant, Samy m'avait rendu le besoin d'apaiser celui qui avait souffert à côté de moi.

Je l'ai accompagné à l'aéroport quand il est parti pour Barcelone. Nous ne nous sommes pas quittés des yeux jusqu'à ce qu'il franchisse le guichet de l'immigration.

Quelques jours avant, j'avais passé le scanner de contrôle. Il avait tenu à rester à Paris jusque-là. Il était à mes côtés lorsque le radiologue s'est approché pour donner le résultat. Les images suspectes restaient stables, sans doute n'étaient-elles qu'une cicatrice de la tumeur : j'étais donc en rémission persistante et sans doute je guérirais. Le médecin, que je ne connaissais pas, avait gardé ma main dans les siennes tout le temps qu'il me parlait.

J'avais eu beaucoup de mal à retenir mes larmes en le remerciant.

Samy m'avait pris par les épaules et entraîné dans le hall. Là, il m'avait enlacé et dit tout bas :

— Tu vois, c'est fini maintenant. C'est fini.

Samy avait raison, la fin du voyage approchait. Restait l'accostage dans cet étrange port où une capitainerie inhumaine claironne : vous êtes arrivé à destination.

Je dois expliquer ici certains détails techniques.

Après que les médecins ont diagnostiqué un cancer, ils font poser un cathéter. Cet implant facilite l'administration de la chimiothérapie et relie au verdict : on n'en fait l'ablation que si la rémission se prolonge. Au début, le cathéter est un lien avec la guérison ; si on ne l'ôte pas, il conclut une alliance maléfique avec la maladie et ce qui était le viatique du salut devient celui de la noyade.

Quand est venu le temps de retirer celui que je portais, on m'a envoyé dans une clinique.

Un homme attendait dans un coin de la chambre. Veste en tweed, pantalon de velours, chemise blanche et mocassins noirs. Il souriait benoîtement.

On devait bientôt me conduire au bloc. Je me suis déshabillé et allongé, pas très engageant.

— Vous venez ici pour quoi, vous ?

J'ai répondu sèchement. Il n'a pas quitté son sourire.

— Alors c'est fini, si je comprends bien, a-t-il dit comme s'il s'était agi de vacances.

Je dodelinais de la tête. Et toujours sur le même ton :

— Vous avez de la chance… À vous on le retire, à moi on en pose un.

Il se trouvait subitement plus près de moi que je ne l'aurais imaginé sur cette plate-forme d'indifférence et de solitude que découvre la maladie. Il avait vu lui aussi. Son air hébété était celui des incrédules à qui on n'a pas laissé le choix du déni.

Un brancardier est entré en appelant mon nom.

Dans le bloc opératoire, la salle de réveil et la salle d'attente étaient organisées dans une même pièce et de nombreux brancards y stationnaient. Étudiant, j'avais travaillé un été dans une clinique comme celle-ci, je savais ce qu'on y soigne : ongle incarné, amygdales, végétations, phimosis ; on pose des cathéters et pratique des circoncisions.

Des enfants étaient parqués au fond dans des lits-cages plus hauts que les infirmières, et d'où pendouillaient des tubulures. Une lumière verdâtre ou bleuâtre, blafarde et froide, tombait du plafond.

Un gamin pleurnichait, un autre pleurait pour de bon, un autre criait frénétiquement. Des gens en blouse s'inquiétaient du retard dans le programme. Une infirmière agacée, sans se retourner de la paillasse où elle préparait une perfusion, ordonnait au criard de se taire. Un petit garçon se mettait à appeler sa mère. C'était la contagion. Mais vous pouvez pas faire taire ces mioches, râlait un anesthésiste.

Un grand-père et une adolescente attendaient comme moi. Notre silence creusait dans ce bruit un puits presque tragique. Plus proche de nous, on voyait une petite main sur un barreau et deux grands yeux pleins de larmes muettes.

Brusquement on a déplacé des brancards, c'était mon tour.

Quand je suis revenu dans la chambre, l'homme était assis dans son coin, toujours en habit de ville.

Il ne descendrait qu'en fin de matinée. On se tiendrait compagnie. Si ça s'était bien passé ? Je ne parlais pas des limbes ni des petits innocents.

En entrant, j'avais éprouvé le même agacement que plus tôt et aussi une diffuse camaraderie. On ne s'était pas présentés. La courtoisie est presque un luxe incongru à l'hôpital. C'était curieux de se serrer la main et de se dire nos noms. Après quoi, on s'est raconté notre cancer.

On ne lui avait laissé aucun espoir. Son poumon était truffé de métastases. Six mois. Il avait insisté pour qu'on tente une chimiothérapie, pour avoir une chance au moins.

Je pense en l'écoutant que j'ai sur lui l'avantage de presque deux ans. À moi on a donné des espoirs infinis, comparés aux siens : une chance sur deux d'être en vie dans cinq ans. Je sais, comme lui qui n'en parle pas, que les médecins se trompent parfois, qu'il y a des miracles, mais que leurs pronostics sont le plus souvent exacts.

Deux semaines s'étaient écoulées depuis qu'on lui avait dit. Son troisième enfant venait de naître, son couple s'était ressoudé après des mois difficiles.

Il demande s'il peut téléphoner à son psychiatre devant moi. Il semble penaud d'avoir été pris en flagrant délit, mais de quoi ? Il a besoin de témoins.

Personne ne peut lui venir en aide, il le sait, ses habitudes ne le conçoivent pas encore : ça se voit à l'espèce d'ahurissement qui fige ses traits sous une mimique souriante.

Son psychiatre ne répond pas.

— Bonjour docteur, c'est Arnaud B. à l'appareil. Excusez-moi si je ne vous ai pas appelé avant. Mon petit dernier va bien, mais je viens d'être hospitalisé. En fait, le problème de palpitations dont je vous ai parlé, je crois, est dû à un cancer du poumon. Je suis soigné à Cochin. C'est assez sérieux. Je tiendrai le coup. Ma femme est avec moi, on est main dans la main. Voilà je voulais vous le dire, vous pouvez me rappeler sur mon portable, sinon j'essaierai de vous joindre dans l'après-midi.

Tout en monologuant, il m'observe. Il sait que je suis médecin et c'est aussi à moi médecin qu'il parle, à qui il va demander des détails sur la chimiothérapie et ses effets. Est-ce qu'on est fatigué ? Est-ce qu'on vomit ? Est-ce qu'on peut faire l'amour ? Il voudrait tellement faire l'amour à sa femme. Il y a des mois que ça ne va plus entre eux, des mois qu'elle le repousse. Il a fait sa part du chemin. D'accord il est difficile, d'accord il est trop dans son boulot, d'accord pour tout ce qu'on veut, mais il a fait l'effort d'aller voir un psy… Et même pas de maîtresse! La crise de la quarantaine sans doute? En tout cas sa femme a été secouée elle aussi, elle ne veut plus divorcer. Ce serait quand même idiot maintenant que tout s'arrange. Et puis on ne peut pas laisser trois enfants…

L'homme se prépare pour le bloc. Il continue de parler de sa femme en se déshabillant.

— Ridicules toutes ces chicanes, dit-il, n'est-ce pas?

En chaussettes et en caleçon, il marche de long en large.

La blouse de papier flotte sur lui comme la cape d'un Zorro bleu de carnaval. Qu'il me montre: il s'accroupit, joue des biceps et s'étire. Il se sent bien! Pas même l'ombre d'un essoufflement. Est-ce pensable? Il a vu les radios pourtant, les poumons sont blancs de métastases. Est-ce que je me rends compte? Oui bien sûr. Stade IV! Carcinoïde quelque chose.

— Vous, vous savez ce que c'est. Et si c'est curable. Ça doit l'être quand même un peu.

Quel pouvoir alors a mon silence! Je suis tétanisé à l'idée d'en détenir tant. À cet inconnu, je ne peux pas dire avec une innocence d'enfant: tu vas guérir, t'en fais pas.

En chaussettes blanches et caleçon bordeaux à carreaux, l'homme a été propulsé où je ne suis jamais allé. Il ne voit pas comment c'est possible. C'est vrai qu'on ne voit rien au-delà d'un certain seuil, surtout quand un tunnel de certitude impose pour seul chemin celui qui vous liquide droit devant.

Une infirmière vient le prévenir qu'il est programmé le dernier sur le planning du bloc. Ça ne doit pas être dans son caractère, mais il est devenu patient.

Il me demande des conseils, comment j'ai fait pour tenir, mes lectures. Il invoque Dieu. Il revient sur sa suractivité professionnelle depuis quelques années et sur les problèmes d'argent avec un de ses associés. C'est petit, n'est-ce pas? Mais après, tout va changer, il ne se laissera plus enquiquiner par des broutilles.

— Vous avez de la chance, vous vous en tirerez, je le sens, et vers une nouvelle vie, pas vrai?

Je ne réponds pas et fais une moue dubitative. L'un va guérir, l'autre pas. Et comment oser dire que, même en rémission, surtout en rémission, la crainte ne lâche pas, à lui qui se sait condamné?

L'infirmière revient avec une ordonnance du chirurgien.

Je griffonne mon numéro de téléphone. Non celui du médecin, dis-je en tendant le papier à l'homme, mais du camarade. Ce dernier mot le fait sourire d'un air incrédule.

Une souffrance nous dépassait et nous séparait, dont nous ne voulions pas, et nous plaçait côte à côte par hasard, chacun pour soi, un intolérable chacun pour soi. Je lui laissais l'initiative d'appeler. Il ne l'a jamais fait. Moi non plus. J'avais peur de puer la bonne santé. Sur le diagnostic qu'on lui avait donné, je n'avais pas cillé : c'était un cancer incurable.

Dans le dernier chapitre de *Si c'est un homme*, Primo Levi décrit la vie dans le *Lager* abandonné par les SS. Reclus avec d'autres moribonds dans une baraque, sans chauffage, ni électricité, ni nourriture, il est un des rares à pouvoir se lever et sortir pour glaner de quoi survivre. Son sens de l'organisation redevient peu à peu solidaire. Avec l'aide d'un autre camarade, il récupère ce qu'il peut dans le camp en décomposition. Grâce à ses connaissances de chimiste et à son sens pratique, il fabrique un petit poêle à alcool, installe l'électricité avec une batterie de camion, improvise un minuscule atelier pour confectionner des bougies, qu'il troque contre de la nourriture avec ceux plus valides d'une autre baraque.

Je relisais encore mon guide à cette époque. Je

l'avais même conseillé, peut-être à tort, à mon camarade de la clinique. Pour l'étrange espoir qu'on peut y puiser.

Primo Levi m'aidait à tirer de mon expérience une autre leçon. Comme tout homme jeté dans un des cercles infernaux, sous cette menace continue qui l'y terrorise et à laquelle il s'habitue au point de ne plus la discerner de lui-même, comme tout homme qui se trouve enclos dans une parcelle de ce Mal et qui s'en sort, je portais désormais quelque chose d'infiniment plus important que moi.

Peu de temps après, j'ai repris mon poste aux urgenccs.

Enfant puis adolescent, lorsque au début de l'année scolaire on demandait le métier qu'on souhaitait faire plus tard, je répondais toujours avec une solennité émue : médecin.

Peut-être pour simplifier, peut-être pour comprendre une vocation que rien ne laissait prévoir dans ma famille, je crois que je suis devenu médecin à cause de ma grand-mère.

J'étais encore très jeune lorsqu'elle est morte de ce cancer des ganglions, comme on disait chez moi, dont je serais atteint trente ans plus tard. Une de ses ironies que réserve le destin à certaines familles.

Un jour que nous étions assis dans un jardin public, je devais avoir quatre ou cinq ans, je me souviens lui avoir dit :

— Plus tard je serai médecin et je te guérirai.

Je suis devenu médecin pour guérir une incurable. Il aura fallu que je sois malade pour imaginer l'enfer qu'elle avait dû connaître avant de nous quitter.

Quand j'ai repris mon travail, le premier jour, en passant devant la salle d'attente bondée et les box entrouverts, j'ai été frôlé par la panique. Les scopes et les sonneries titubaient, les gens vacillaient au-dessus des brancards, des sensations bleues et floues me giclaient à la figure comme deux ans avant. J'avais envie de me sauver. Alors, tout en me dirigeant vers le poste de soin pour saluer l'équipe de ce soir-là, j'ai retrouvé une coquetterie de vieux carabin : j'ai rajusté mon pyjama de travail, boutonné ma blouse et je me suis mis un stéthoscope autour du cou.

Gardes après gardes, le quotidien m'a réaccueilli. J'écoutais, je rassurais parfois, redonnant un peu de ce que j'avais reçu. Par des paroles bienveillantes, par des regards ou des gestes de connivence, par mes maladresses aussi. Je m'efforçais d'appartenir de nouveau à ce monde où importe, autant qu'on a de soi, le souci qu'on a de l'autre. Je me réparais l'âme en redécouvrant la compassion, une vraie compassion — qui ne soit plus à risque de bons sentiments. Le hasard apportait souvent quelque petite victoire, pas vraiment sur la mort ou sur la solitude, mais une victoire malgré tout. Un étoilement de regards, d'intonations et de non-dits de reconnaissance, d'indifférence ou d'agacement faisait ainsi sa révolution en moi : les gens m'aidaient sans le savoir et, sans que je m'en rende bien compte, à me réconcilier ; ils posaient un visage, notre visage, sur cette béance que la maladie m'avait découverte et qui me hantait depuis.

Pourtant, quelles qu'aient été mon attention et ma disponibilité, l'inévitable dimension technique de ce métier me pesait comme jamais auparavant : trop rarement, je me sentais apte à réconforter et à consoler à la hauteur de mes exigences nouvelles. Ce qui s'était ouvert en moi et me transformait était à l'étroit dans la pratique quotidienne avec ses impératifs de chiffres et de performances déshumanisées.

Quelques semaines après la reprise de mon travail, un collègue m'a proposé de participer à sa place à un congrès de médecine d'urgence, qui avait lieu à Zurich.

J'ai été peu assidu aux conférences. Je me promenais sur les bords du lac où était né Fritz Zorn et dans la ville où il avait vécu. L'ambiance était sereine et moi bien loin de la tourmente qui m'avait agité lorsque j'avais lu *Mars* et que naturellement j'avais associée à la ville même. Seuls les yeux rouges et perçants des foulques sur la Limmat m'ont semblé hostiles ; à la fois viseurs d'une arme à laser et brasillement rémanent de l'absolu en moi. Je ne me laissais pas aller à la crainte : si les foulques étaient vaguement inquiétantes, les canards et les mouettes ne l'étaient pas.

Pendant ce court séjour, j'avais relu le récit de Zorn. Le besoin d'écrire était revenu : il fallait que je converse encore avec lui. Je n'étais plus coincé sur une rive terrible, il m'était facile d'avoir pour cet homme aussi une authentique compassion.

Juste avant de reprendre mon poste, j'étais retourné à New York pour voir Benjamin. Nous nous attendions encore d'un peu loin, mais nous avions décidé de reprendre notre vie trans-atlantique.

Benjamin devait passer quelques jours à Paris après mon retour de Zurich. En arrivant de l'aéroport, alors que je m'avançais pour l'embrasser, il m'avait repoussé. Il avait contracté une maladie qui semblait guérie, mais dont son médecin n'avait pu faire le diagnostic précis.

Endossant mon rôle de docteur et insistant pour savoir, j'avais posé les questions d'usage sur ses symptômes et le traitement qu'il avait reçu. Il était encore inquiet. Je l'avais même examiné et dédramatisé ce qui devait finir par arriver. Nous étions deux vieux frères qui pouvions bien avoir de la compréhension l'un pour l'autre.

En le regardant se rhabiller, j'avais eu pour lui un élan triste et tendre, et, un peu farceur et gêné à la fois, du désir. Ça n'était pas arrivé depuis si longtemps.

Quelques jours après, par un joli matin bleu orangé, nous faisions la queue dans un dispensaire de maladies vénériennes.

Des photographies de lésions de syphilis et autres roses pour amateurs de pathologies bourgeonnantes, des courbes statistiques, des affiches de prévention recouvraient la peinture écaillée des murs. Une partie des néons ne fonctionnaient pas. Jusque dans la lumière, l'ambiance était beige et grise. Une dizaine de types attendaient comme nous. On n'en menait pas large, je reconnais.

Quand je suis sorti du box de consultations, Benjamin se penchait légèrement en avant et fixait le sol. Les paupières bistrées et presque gonflées comme celles d'un oisillon qui vient de naître, il avait cet air clos du *Saint Jean-Baptiste* de Georges de La Tour, avec lequel je lui avais toujours trouvé une certaine ressemblance.

La première fois que j'avais vu ce tableau, j'avais éprouvé une émotion esthétique — d'une sensualité quasi spirituelle — et une stupéfaction aussi inattendues qu'en apercevant Benjamin lors de la soirée où nous avions fait connaissance chez une amie commune.

Dans cette pièce baignée par un camaïeu de mélancolie, à la fois grotte de souci et de repentir vague, c'était un Benjamin demeuré en moi qui se détachait sur le décor du dispensaire : un homme qui ne savait plus s'il pouvait être aimé ni qu'il l'était. Je lisais sur son visage cette distance des vieilles âmes, attentives et incrédules, par avance déçues peut-être, qui m'avait bouleversé quand on s'était rencontrés. Il était tel qu'autrefois, dans le même isolement.

Je suis allé vers lui et l'ai rassuré : le médecin l'attendait, ça paraissait assez anodin.

C'est dans cette salle, je crois, que nous sommes sortis de notre enfer.

Achevé d'imprimer
par l'Imprimerie Floch
à Mayenne, le 10 septembre 2009.
Dépôt légal : septembre 2009.
1er dépôt légal : avril 2009.
Numéro d'imprimeur : 74594.

ISBN 978-2-07-012388-9/Imprimé en France.

172270